2023-2024
GOLF DIGEST
ゴルフルール
早わかり集

GOLF DIGEST
GOLF RULES
QUICK
REFERENCE

目次

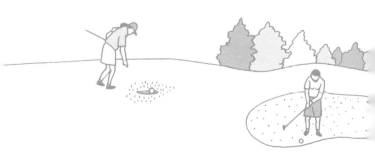

使わないクラブをバンカー内に置いてもいい?
レーキをバンカー内に持ち込める?
レーキをどけて球が動いたら?
バンカーからプレーした球がOB! 打ち直す前に砂をならせる?
バンカー脱出後、砂に触れてスイングチェックしていい?
バンカーから脱出に失敗し
つい砂をならしてしまったらペナルティー?
こんな難しいバンカーショットはしたくないと思ったら?

128 Putting Green パッティンググリーン

グリーン上の球を拾い上げる際、球の横にマークしてもいい?
パッティンググリーン上の球とは?
グリーン上の砂やバラバラの土は取り除いていい?
スパイクマークや傷跡は修理していい?
グリーン上の凸凹は修理することができる?
グリーン上の球を動かしてしまった! 罰がある?
マークして拾い上げる前に球が自然に動いた場合は?
マークして拾い上げた後にリプレースした球が風で動いたら?
グリーン面のテストとして罰が付くのはどんなこと?
グリーン面に手をついたらテストとみなされる?
マークするときティーを刺したらテストになる?
ホールにせり出した球を入るかどうか待つことはできる?
ホールにせり出した球がしばらくしてからホールに入ったら?
移動したマーカーを元に戻さず、球を置いてストロークしたら?
球やスタンスが目的外グリーンにかかる場合は
救済を受けなくてもいい?

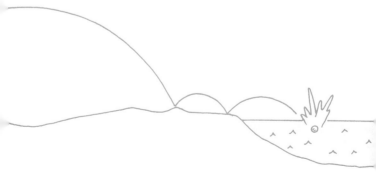

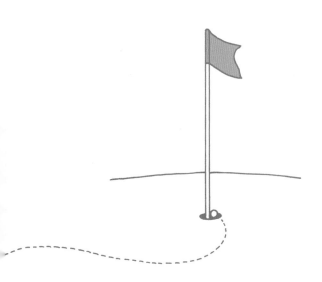

カバー・本文イラストレーション
唐仁原教久
本文イラストレーション
浅妻健司　桑原紗織　Noribou
藤井紗和　HB STUDIO

罰打
という名の
1ストローク

「1打罰」って
言っていない?

2019年に「1打の罰」から「1罰打」に変わりました。

　ゴルフが他のスポーツと大きく異なる点は、プレーヤー自身がレフェリーであるということです。例えば、プレーヤーがフェアウェイでうっかり自分の球を動かしたら1罰打でリプレース。同じ場面でも、球が自然の力で動いたら罰なしに止まったところからプレー。そのような状況や事実を知るのはプレーヤー自身でしかないため、誠実であることが求められます。もしプレーヤーが規則の適用方法がわからないときは、私たちレフェリーが呼ばれます。多くは処置の確認ですが、時には罰を伝えることもあります。

　そもそもゴルフ規則になぜ罰があるのでしょうか。それはプレーヤーがルール違反をしたときに、その競技をフェアにするための「調整」が必要だからです。プレーヤーに罰が付く場合、その調整の度合いはプレーヤーが得た利益の重さで異なります。大した利益でない罰は1打。利益を得た罰は2打。規則での調整ができない利益を得たとすれば失格です。罰と聞くと悪いことをした代償というイメージを持つかもしれませんが、規則書をよく見ると「罰打」と書かれています。1罰打はプレーヤーに1ストロークを科す罰ではなく、その違反の罰は1ストロークで認められる調整という意味なのです。

阿蘇紀子
中﨑典子

大原則

あるがままにプレーし
自らルールを適用

球をあるがままに打ち、コースもあるがままに
プレーすることはゲームの原則である。あるが
ままに打てないときは、ルールに定められた方
法でプレーを続けることができる。ゲームの挑
戦は、ホールをスタートしてからホールアウト
するまで自らルールを適用し、できるだけ少な
いストローク数でプレーすることである。

行動基準

あらゆる面で正直に。
ゴルフ界の共同宣言だ

プレーヤーは誠実であり、ルールの適用は正しく行われる——そんな性善説にゴルフルールは基づいている。誰もが速やかなプレーを心がけ、他の人の安全にも気を配る。バンカーはきれいにならし、コースを不必要に傷つけない。ルールもさながら、正しいマナーで立ち振る舞うことがゲームの精神なのだ。

プレーファスト

速やかなプレーを
促すルールがある

旗竿を立てたままパッティングが可能となった2019年以降、グリーン上のプレーは著しくペースアップした。プレーの順番は準備のできた人から先にショットしていい"レディーゴルフ"が推奨され、球の捜索時間は3分間に短縮された。ルールに沿って、プレーヤー自身もプレーファストを心がけよう。

Teeing Area
ティーイングエリア

いわゆるティー面とは違う。プレーするホールにある2つのティーマーカーの幅×2クラブレングスの長方形だけが、ティーイングエリア

⮕R2.2 / R6.2

Penalty Area
ペナルティーエリア

水域や林などを含む一帯を、赤もしくは黄色の杭やラインで囲んである。旧ルールと違い、救済を受けずに打つ場合はソールしていい

⮕R2.2 / R17.1

5つの
コースエリアの
呼び名

2019年以降、5つの定義された
コースエリアができた。
プレーヤーの球があるコースエリアによって、
その球をプレーするとき、
または救済を受けるときに
適用するルールが決まる。

4

Putting Green
パッティンググリーン

"あるがままにプレー" が原則の
ゴルフにおいて、マークして球を
拾い上げられるなど特別な場所
◉R2.2 / R13.1

5

General Area
ジェネラルエリア

ティーイングエリア、パッティング
グリーン、バンカー、ペナルティー
エリアの特定エリアとアウトオブバ
ウンズを除いた全エリア ◉R2.2

3

Bunker
バンカー

言わずと知れた砂地。
ただしそのエリアの縁
の土や草、積み芝、枕
木などの人工物による
ヘリは、バンカーでは
なくジェネラルエリア
◉R2.2 / R12

Out of Bounds
アウトオブバウンズ

コースの外側。白杭もしくは白線の
内側に少しでも触れている球は、一
見外側の球のようだがインバウンズ
にある ◉R2.1 / R18.2

Teeing Area
ティーイングエリア

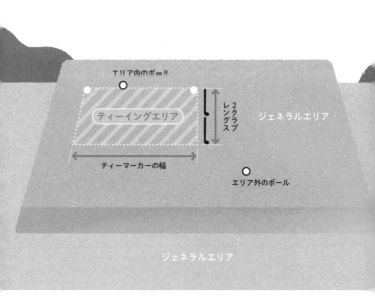

エリア内のボール

ティーイングエリア

2クラブレングス

ティーマーカーの幅

エリア外のボール

ジェネラルエリア

ジェネラルエリア

2つのティーマーカーの幅×
2クラブレングス以外は
ジェネラルエリア ⊃R6.2

ティーイングエリアは、プレーするホールにあるティーマーカーの前側を結んだ線が前方の縁となり、横はティーマーカーの外側から後方に2クラブレングスの長方形。このラインに球の一部がかかれば、区域内の球。球全体が区域外にあったり、自分がプレーしないティーは、仮に同じティー面でもジェネラルエリアだ。

空振りで球が落ちても ティーアップできる ●R6.2

空振りして、風圧などで球がティーから落ち、ティーイングエリア内にとどまったとする。このケースでは、罰なしに再ティーアップして2打目としてストロークできる。空振りして球が動かなくても、エリア内の別の場所に、罰なしにティーアップし直すのもOK。

Penalty Area
ペナルティーエリア

ペナルティーエリア　赤杭・黄杭　◎R17.1

2つの異なったタイプのペナルティーエリアがある。レッドペナルティーエリアとイエローペナルティーエリアである。このエリアは球をあるがままにプレーすることもできるし、1罰打で救済することもできる。イエローペナルティーエリアに対しては2つの救済の選択肢（C、D）、レッドペナルティーエリアは3つの救済の選択肢（B、C、D）がある（右図参照）。

ペナルティーエリア内だが
打てそうなとき　A　◎R17.1

ペナルティーエリア内の球を罰なしで打つこともでき、この場合、クラブをソールすることや、ルースインペディメントを取り除くことができる。

ペナルティーエリア方向に飛び
発見できないとき　◎R17.1

確実にそこに入ったと判断したなら1罰打で救済。仮に打った後にジェネラルエリアで元の球が見つかっても、そのまま救済した球でプレーを続ける。プレーヤーが"合理的判断"をして救済を受けたことを尊重する仕組みだ。

赤杭エリアなら横にドロップできる　B　◎R17.1

球がレッドペナルティーエリアに入った地点からホールに近づかない2クラブレングスの救済エリアにドロップ（右図参照）。範囲内にグリーンがあったら、そこにドロップしても問題なし。

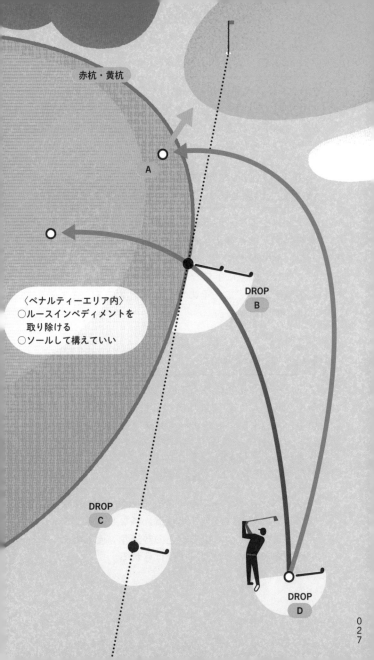

赤杭・黄杭

A

〈ペナルティーエリア内〉
○ルースインペディメントを
　取り除ける
○ソールして構えていい

DROP
B

DROP
C

DROP
D

赤杭エリアの
"対岸ドロップ"はNG   ○R17.1

2019年改訂以前のルールのラテラルウォーターハザードでは"球が限界を横切った地点とホールから等距離の対岸"も救済の基点にできたが、レッドペナルティーエリアでその選択肢はない。

球が飛び込んだ地点の
後方延長線上にドロップ   C   ○R17.1

レッド、イエローのペナルティーエリア共通の措置。球が縁を横切ったと推定される地点とホールを結ぶ後方延長線上で、そのペナルティーエリア外に球をドロップすることができる。線上にドロップした箇所が救済エリアを定め、その救済エリアは、その地点からどの方向にも1クラブレングスの円となる。

直前に打った位置に戻って
ドロップ   D   ○R17.1

ストロークと距離の救済で直前のストロークが行われた箇所を基点とした救済エリアから1罰打でプレーする。イエロー、レッド、どちらのペナルティーエリアも共通。

黄杭エリアは横には
ドロップできない   C D   ○R17.1

レッドペナルティーエリアで認められる"横に2クラブレングス"の救済（ラテラル救済）はなし。イエローペナルティーエリアでは、後方線上の救済か、直前のストロークを行った箇所からの救済が受けられる。

ペナルティーエリアから
1打で出なかったら ○R17.2

ペナルティーエリア内から罰なしにストロークし、他のエリアに出なかったらどうするのか。以下の5つの選択がある。まず❶その球を"あるがまま"に打つことはOK。その球が打てなければ、以下の救済を1罰打で受けることができる。❷直前のストロークを行った箇所（ペナルティーエリア内）を基点とした救済エリアにドロップ。❸球がペナルティーエリアの縁を最後に横切った地点とホールを結ぶ後方線上にドロップ。❹レッドペナルティーエリアであればラテラル救済を受ける。❺ペナルティーエリアの外から最後に打った位置に戻って救済エリアにドロップ。

この図の2つの球はどちらもペナルティーエリア内にある

赤線より左はペナルティーエリア

赤線より右はジェネラルエリア

ペナルティーエリアで

Bunker
バンカー

2罰打でバンカーの外に
アンプレヤブルのドロップ可能　⊃R19.3

バンカーにある球をバンカー外でドロップできる救済は、バンカーが水没したときと、直前のストロークを行った場所に戻るときだけだった。2019年改訂以降、アンプレヤブルの選択肢が増え、バンカーの外側で後方線上の救済を受けることができるようになった（イラスト参照）。

小枝や小石を取り除ける　⊃R12.2 / R15.1

バンカー内を含めコース内外のどこでも、ルースインペディメントは取り除くことができる。

小石を取り除くときに
砂に触れてもいい　⊃R12.2 / R15.1

小石はいくらか砂に埋もれているだろう。これを取り除くのに「合理的に砂に触れること、砂を動かすこと」は認められる。つまり取り除くための控えめな方法ならOK。

葉っぱを取り除いて球が動いたら　⊃R15.1 / R9.4

球のそばにある葉を取り除いて球が動いたらプレーヤーが原因。1罰打で球をリプレースする。

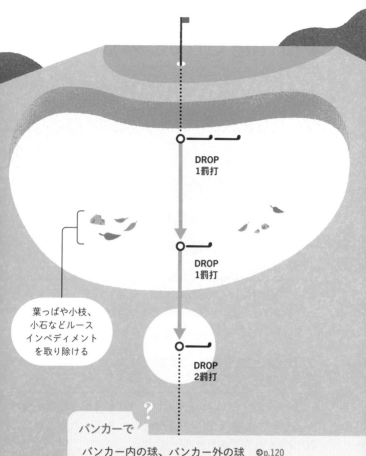

DROP
1罰打

DROP
1罰打

葉っぱや小枝、
小石などルース
インペディメント
を取り除ける

DROP
2罰打

バンカーで

Putting Green
パッティンググリーン

スパイクマークも修理できる　⟳R13.1

パッティンググリーン上では「外的影響によって生じたあらゆる損傷」を修理できる。用具や旗、靴による損傷、動物の足跡、ホールの埋め跡、芝の張り替え跡、石などくい込んでいるものも含まれる。グリーンフォークではなくティーでもクラブでも、手や足でも修理可。

エアレーション跡や雑草、
地面の露出は直せない　⟳R13.1

コース管理作業のためのエアレーション（芝に空気を入れるための穴）、散水や雨による損傷、自然な表面の欠陥（雑草や芝の病気部分など）は直してはいけない。

グリーン上から打った球が
旗竿に当たっても罰なし　⟳R13.2

パッティンググリーン上から打った球が立てたままの旗竿に当たっても罰はない。スムーズにプレーするために、2019年から変更されたルール。

グリーン上の球を
うっかり動かしても罰はない　⟳R13.1 / R9.4

パッティンググリーン上の球やボールマーカーは、プレーヤーが偶然に動かしても罰はない。

マークしリプレースした球が
動いたら、元の位置からプレー　**○R13.1 / R9.3**

パッティンググリーン上に止まった球が、マークし拾い上げる前に自然に動いた場合は、罰はなく、その球が止まった新しい箇所からプレー。すでにマークしリプレースした球が動いた場合も罰はないが、元の位置にリプレース。

ストローク中に球が動き
そのまま打ってしまったら　**○R13.1 / R9.1**

バックスイングを始めてから球が偶然に動き出し、その球を打ってしまった。こんな場合も罰はなく、その球が止まったところからプレーを続ける。

人や外的影響によって生じる
あらゆる損傷を直せる。
もちろんボールマークや
スパイクマークも直せる。

パッティンググリーンで

その球はグリーン上にあるのかどうか　**○p.128**
球の横にマークして拾い上げてもいい？　**○p.128**
マークはティーを刺してもいい？　**○p.132**
砂やバラバラの土は取り除ける　**○p.128**
グリーン面に手をついて大丈夫か　**○p.132**
球が動いている間に旗竿を抜く行為は？　**○p.138**
サブグリーンの扱いもチェック　**○p.134**

General Area
ジェネラルエリア

バンカー等は
"特定のエリア" と呼ばれる ⊃R2.2

プレーするホールをスタートするときに使用しなければならないティーイングエリア、ペナルティーエリア、バンカー、プレーしているホールのパッティンググリーンは，規則では特定のエリアと表記されている（イラストの白い部分）。これら4つの特定のエリアはルールの適用がジェネラルエリアとは違ってくる。

フェアウェイとラフは
ルール上区別なし ⊃R2.2

ラフにあった球をフェアウェイにドロップしていいのか、と悩むゴルファーもいるが、林も、カート道路も、フェアウェイもラフも、分け隔てなくすべてがジェネラルエリアだ。なので、救済エリア内にフェアウェイがあるなら、そこにドロップしていい。

ジェネラルエリアと
特定のエリアの両方にある球は
その特定のエリアの球 ⊃R2.2

球が複数のエリアにある場合、それはジェネラルエリアではなく特定のエリアにある球として扱う。特定のエリアにも優先順位があり、❶ペナルティーエリア、❷バンカー、❸パッティンググリーンと決まっている。

この高さなら
転がりもわずか

落下後の球の転がりが
少ないから、再ドロッ
プは減り、時間短縮に
なる

救済エリアに
止まる

1か2クラブレングスの範
囲の扇形や円の救済エリア
に止まるようドロップ

ドロップは膝の高さから

球は正しい方法でドロップしなければならず、次のすべ
てを満たさなければならない。❶「プレーヤー」がドロ
ップ。 ❷球は膝の高さから真下にドロップ。 ❸球は救
済エリア（または線上）にドロップ。

膝の高さ

球は膝の高さから、用具や自分に触れることがないよう、真下にドロップする。しゃがんでドロップしてもいいが、低くなった膝の位置からではなく、あくまで立ったときの膝の高さから。

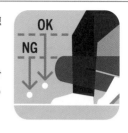

ファーストバウンドは地面に

球に回転をかける、転がすといった操作をしてはならない。地面に落下したのちに球が靴やクラブに偶然に当たっても救済エリアに残れば正しくインプレーとなる。足でわざと救済エリア内に止めるのは2罰打。

球は救済エリアに止まらなければならない

❶膝の高さから落とす、❷ファーストバウンドは救済エリア内、❸救済エリア内に球が止まることが、インプレーにする3つの条件。救済エリア外に転がり出たなら再ドロップし、それでもダメなら2回目にドロップしたときにその球が最初に地面に触れた箇所にプレースという手順になっている。

球をドロップ

ニヤレスト
ポイント（基点）
→p.40

救済エリア

1クラブレングスは
パター以外で一番長い
クラブの長さ

規則書には1クラブレングス、2クラブレングスという
フレーズが盛んに出てくる。救済エリアの範囲を決める
のは「パターを除く最も長いクラブ」となっている。実
質的にはドライバーの45インチ前後を基準に救済エリ
アを決定する。

パター以外の最長クラブで測る

ドロップする際、救済エリアを決めるのにパターは計測に使えない。長尺パターを持っているプレーヤーがいるため、公正を期してのことだ。それでもドライバーで範囲を決められるので救済エリアはかなり広い。

ドライバーを持ってこなくてもいい

救済のドロップをするときは、ドライバーを手にしていないことが多い。エリア計測のためのドライバーを取りに走るのかといえば、その必要はない。ドライバーの長さを推定して救済エリアの範囲を決めればいい。

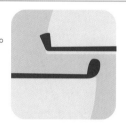

ティーで基点などを示す

救済エリアの基点や範囲が分かるようにティーを刺して示すことは絶対ではないが、その方が再ドロップをしなければならない等、救済の手続きが明確になるのでお勧めする。

球をドロップ

カート道路で

AとB、
どちらが球から
近いか!?

ニヤレスト
ポイント候補
A

ニヤレスト
ポイント候補
B

ドロップの前に完全な救済の
ニヤレストポイントを推定する

カート道路はルール上"異常なコース状態"である。
救済の対象だが、道の中央に球が止まっていたらA、B、
どちらにドロップできるだろう。ここを理解すれば、
ドロップは簡単。まずニヤレストポイントはどこかだ。

"障害なし"に打てる＋
ホールに近づかない最短距離

完全な救済のニヤレストポイントとは？　左図ではAは球からの距離が短く、Bはスタンスを道路の右にとることで距離が長い。スタンスが道路にかかると障害が残っている状態なので、道路に止まった球からBへの距離は、球とAを結んだ距離より長くなる。よってニヤレストポイントはより球に近いA点となる。

Aを基点に1クラブレングスが正解

ニヤレストポイントが確定したら、次は救済エリアの計測だ。もし手にしていなければドライバーの長さを推定し、基点からホールに近づかない範囲を把握する。次いで扇形のエリアを見極める。念のためティーなどを刺してもいいが、必ずしも必要はない。この扇形のエリアに膝の高さからドロップして、球がそのエリアに止まれば正しくインプレーだ。

救済を受けても
足が道路にかかるなら再ドロップ

左図で球がカート道路の右端に止まっていたら、Bがニヤレストポイントだ。この場合はスタンスも含めて道路が障害にならない地点をニヤレストポイントとし、そこを基点に救済エリアを定め、救済が受けられる。

復習　**「完全な救済のニヤレスとポイント」とは？**

異常なコース状態であるカート道路から救済を受ける場合、球の元の箇所に最も近く、ホールに近づかないジェネラルエリアの地点で、プレーヤーの球、意図するスイングやスタンス区域の物理的な障害がない基点のことだ。◯p.158参照

球をドロップ
異常なコース状態から

小屋

パッティンググリーン

一時的な水

動物の穴

修理地

異常なコース状態からの救済はどうすればいい?

道路に限らず"異常なコース状態"はコース内各所にある。異常なコース状態とは、動物の穴、修理地、動かせない障害物、一時的な水の4つの定義された状態をいう。ニヤレストポイントがわかれば対処は簡単だ。

青杭エリアの外のニヤレストポイント

修理地の範囲は青杭や白線などで示されていることが多い。その修理地の外で、球からの距離が最も短く、ホールに近づかない地点を探す。そのニヤレストポイントを基点とする1クラブレングスの救済エリアにドロップする。

"一時的な水"からの救済

一時的な水とはペナルティーエリア以外の場所で地表面に一時的に溜まった水のことをいう。これは障害であり、球がそこにあれば、罰なしにドロップできる。青杭のケースと同様にニヤレストポイントを確認し、"ホールに近づかない1クラブレングス"の救済エリアにドロップする。左図のように一時的な水がバンカーにあり、それが障害となっていれば罰なしの救済もバンカー内となる。

もぐらやうさぎの作った穴

動物の穴とは、動物が地面に掘った穴のことだが、ミミズや昆虫のようなルースインペディメントとして定義されている動物が掘った穴は除く。動物の穴には、動物が地下に穴を掘った結果、盛り上がったり変化した地面の区域や穴から掘り出した分離している物も含む。

避難小屋に球がくっついたときも

ニヤレストポイントを探そう。ホールに近づかない、球からの距離が最短の、それでいて問題なくスイングできる場所だ。それを基点に救済エリアにドロップする。こうした動かせない障害物は、その障害物やコースを壊さずには動かすことができないもののこと（詳しくは定義を参照）。

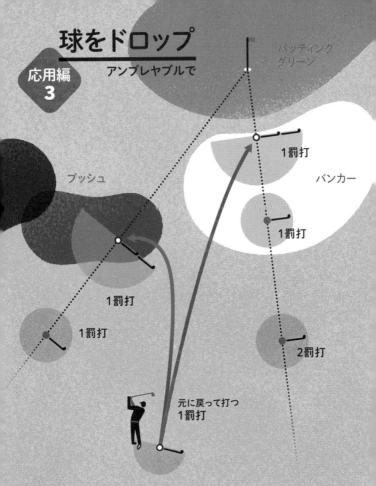

球をドロップ
アンプレヤブルで

バッティンググリーン

1罰打

バンカー

ブッシュ

1罰打

1罰打

1罰打

2罰打

元に戻って打つ
1罰打

アンプレヤブルは
ペナルティーエリアを除き、
コース上のどこでも認められる

プレーヤーは自分の球をアンプレヤブルとして
扱うことができる唯一の人である。

球から2クラブレングス以内で
打てる場所は?

プレーヤーは球を拾い上げる前にアンプレヤブルの球として救済することを決定しなければならず、自分で1罰打（or 2罰打）を付加し、救済エリアにドロップすることができる。最初に考えるのが、"ホールに近づかない、球から2クラブレングス"のラテラル救済だろう。ブッシュにつかまった球だと、2クラブレングスの半円の範囲が与えられても、スイングするスペースが確保できない可能性も出てくる（左図参照）。

スイングできなければ
後方線上にドロップ

ラテラル救済では、やはりスイングするスペースが足りないとなれば、後方線上の救済エリアを使うだろう。後へ下がる距離に制限はないが、バンカーにある球を1罰打でドロップするには、そのバンカー内限定。"2罰打バージョン"を使えば、芝の上に救済エリアを求めることができる。

直前のストローク地点にも
ドロップできる

直前に打った地点に戻って1罰打で打つ選択肢は常に認められている。すでにグリーン方向に歩き出しているため、その箇所がはっきりしないとすれば、合理的判断で位置を推定し基点を決める。そのうえで"ホールに近づかない1クラブレングス"にドロップである。

> **復習**
> ### ドロップの3つの条件は?
> 膝の高さから球を落とす。ファーストバウンドを救済エリア内に。球が救済エリアに止まる。 ⊃p.36参照

2023年ゴルフ規則改訂 主要な変更点と解説

2023年ゴルフ規則改訂は
2019年の大改訂以来のアップデートです。
2年ごとのマイナー改訂よりも
多くの修正がされています。
以下、主要な変更点と解説を記載します。

複数の規則違反に対する罰の適用 ⊃R1.3c(4)

プレーヤーが複数の規則違反をした、あるいは同じ規則に複数回違反した場合の罰打の数え方は、介在する出来事があったかで決定する。介在する出来事には2種類あり、ストロークの終了または違反に気づいた場合である。

ハンディキャップを示すことは委員会の責任 ⊃R3.3b(4)

これまでは、スコアカードに正しいHCPを示すことはプレーヤーの責任だったことから、実際より多いHCPでスコアカードを提出した場合は失格だった。これからは委員会の責任となり、失格となる心配がなくなった。

ラウンド中に損傷したクラブの使用、修理、交換 ⊃R4.1a(2)

ラウンド中のクラブの損傷原因が、プレーヤーがクラブを乱暴に扱ったこと以外なら、そのクラブの使用、修理、または別のクラブに取り替えられる。これまでは特別なケース以外でクラブの取り替えは認められなかった。 ⊃p.72

ラウンド中に
クラブのプレー特性を
故意に変えること ➲R4.1a(3)

うっかりクラブの打面にシールを付けたままラウンドを始めた場合の新たな処置方法。クラブの打面に貼られたシールは、規則では認められない外部付属物である。貼ったままだと不適合クラブとなり、そのままの状態でプレーしたら失格となる。しかしストロークを行う前に、そのシールを剥がすことで罰なしにそのクラブを使用することができる。以前はシールを剥がしても、クラブのプレー特性を故意に変えることから使用できなかった。

貼ったままは
NG

剥がせば
OK

グリーンリーディング資料を
使用することの制限 ➲詳説4.3a / 1

ラウンド中、プレーヤーがグリーンのプレーの線を読む支援として使うヤーデージブックなどの資料には、サイズと縮尺の制限がある。その制限はグリーン上から行われるストロークにだけ適用される。以前は、グリーン外の球でもパターでグリーンを狙う場合は適用された。

間違って取り替えた球 →R6.3b

球の取り替えが認められないのに、別の球に取り替えてプレーした場合、以前は2罰打だったのが1罰打になった。例えば、グリーン上でマークして球を拾い上げたあとに、別の球をリプレースしてプレーしたら1罰打だ。

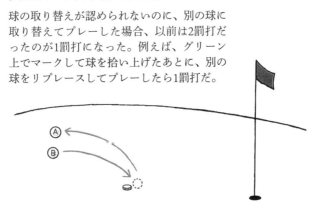

球が止まった後に悪化した状態の復元 →R8.1d(2)

球が止まった後に、そのプレーヤーやそのプレーヤーによって承認された行動をした人がストロークに影響を及ぼす状態を悪化させた場合、復元は認められない。例外的にレフェリーが悪化させた場合は復元が認められる。

他の援助 ➡R10.2b(1)(2)

どのコースエリアであっても、プレーの線を示すために
ペットボトルやタオルなどの物を置いた時点で2罰打と
なった。たとえストロークする前にその物を取り除いた
としても罰は免れない。

自然の力が動かした球 ➡R9.3

ドロップ、プレース、
リプレースした後に、
止まっている球が自
然の力で他のコース
エリアやアウトオブ
バウンズに転がりこ
んでしまった場合、
プレーヤーは罰なし
にその球を元の箇所
にリプレースしなけ
ればならない。

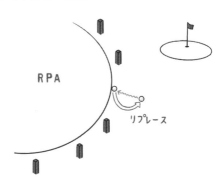

RPA

リプレース

CAUTION!

自立式パターについて ➡詳説10.2b/1

自立式パターでプレーの線を示したり、スタンスをとる
際に援助を目的としてそのパターを球の近くに立たせて
置いたら2罰打と発表されたが、この変更の実施遅延し
たため、2024年12月31日までこの使用方法は認められる。

> 自立式パター
> の使用は、
> 2025年1月1日
> 改訂まで
> 延期となった

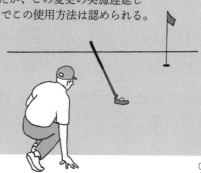

プレーヤーがストロークを行う前にキャディーに対して制限される区域 ○R10.2b(4)

キャディーは、プレーヤーがスタンスをとり始めてから球の後方の「制限された区域」に立つと2罰打となる。キャディーがその区域に立っていたとしても、そこを離れて、プレーヤーがスタンスをとり直せば罰は免れる。

パッティンググリーンからプレーされた球が人、障害物、動物に偶然当たる ○R11.1b(2)

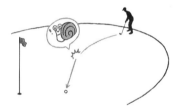

グリーン上からプレーされた球が、下記以外のものに当たったら再ストロークする。
○そのプレーヤー
○旗竿に付き添っている人
○そのストロークを行うために使用しているクラブ
○ボールマーカー
○止まっている球
○旗竿
○ミミズや昆虫

後方線上の救済の救済エリア ○R14.3

後方線上の救済では、球を基準線上にドロップしなければならなくなった。ドロップしたとき、その球が最初に地面に触れた線上の箇所が救済エリアを定め、その救済エリアはその地点からどの方向にも1クラブレングスとなる。

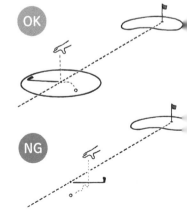

地面にくい込んだ球の救済 ⊙R16.3b

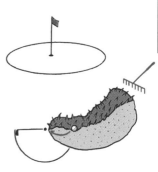

地面にくい込んだ球の救済エリアの基点を球の直後の箇所でジェネラルエリアに制限することが規定された。もし球の直後にジェネラルエリアが存在しない場合は、ホールに近づかない最も近いところを決めなければならない。

球が紛失となる場合 ⊙詳説18.2a(1) / 3

球を捜索してから3分以内に見つけた場合、その球が自分の球であるかを確認するために合理的な時間が許されていたが、それが1分間と明記された。これは見つけた球の場所に行ってから確認する時間のことをいう。

障がいを持つゴルファーのためのゴルフ規則の修正 ⊙R2.5

障がいを持つゴルファーの修正規則がゴルフ規則の25条に移され、全ての競技に適用されることになった。以前はオフィシャルガイドの巻末に掲載され、委員会はローカルルールとして適用していた。

2019年の
大改訂から4年
ピンを立てたままで
オッケー!
グリーン修復が
可能に……

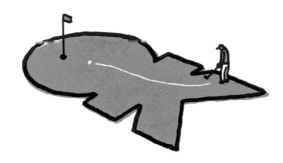

2019年の大改訂では、ゴルフの伝統を守りつつも近代化された大幅な改正がなされた。例えば、パッティンググリーン上のスパイクマークが直せる、旗竿を立てたままパッティングする、バンカーやペナルティーエリアでも枯葉や石が取り除けるなどだ。これは改訂された規則のほんの一部だが、そもそもなぜこれほど大がかりな改訂が必要だったのか。それはゴルフ普及のため、弊害となっていた難解なゴルフ規則をよりわかりやすくするためだ。

あれから4年が経ち、今度はいくつか指摘されていた厳しい規則が緩和された。例えば、取り替えが認められない球を取り替えた場合は2罰打から1罰打に変更されたり、損傷したクラブの取り替えが認められるなどだ。

GOLF DIGEST
GOLF RULES
QUICK
REFERENCE

ゴルフルール
早わかり集
Q&A

「ルール早わかり集Q&A」は、よくあるケースを
抜粋したもので、ストロークプレーのルールを解
説しています。各回答に付けたR○○は、その
Q&Aに該当するJGA『2023ゴルフ規則』の条項
です。正確なルールの解釈については、同規則書
を参照してください。

Starting Play
スタートする前に

Q ローカルルールとは何?

〈ローカルルールの例〉
「コース内のすべてのコンクリート製の排水路はジェネラルエリアの一部として扱われ、ペナルティーエリアではない」

Q スタート時間に遅刻! 逆に早くスタートしてしまった場合は?

Q マーカーとは何? 誰がマーカーを決めるの?

競技では自分のスコアを別の
プレーヤーがつけるのだ。

Referee

「マーカー」の役割は減った?

Did you know?

ローカルルールやスタート時間を確認し、
遅れずにスタートホールへ。クラブの本数と球を確認。
一緒にラウンドするプレーヤーに挨拶をして、
マーカーを確認しましょう。

A 規則を修正し 特別に適用されるルール ➲R1.3

コースや競技のために特別に適用されるルール。競技はゴルフ
規則とローカルルールに基づいてプレーされます。ローカルルー
ルは掲示されていたり、スタートで配布されたりするもので、
このローカルルールを確認しておくことはプレーヤーの責任。
ローカルルールはゴルフ規則に優先します。

A 遅れても早すぎても ペナルティー ➲R5.3a

プレーヤーはスタート時間が9時00分の場合、9時
00分00秒にその準備ができていなければなりません。
スタート時間に遅刻した場合は、2罰打。5分を超え
る遅刻は失格となります。また、5分より早くスター
トした場合は失格、5分未満の場合は2罰打となります。

A マーカーはスコアを記録する人 ➲定義/R3.3

マーカーはプレーヤーのスコアを記録するために委員会に指定
された人です。ストロークプレーでは、プレーヤーのスコアを
そのプレーヤーのスコアカードに記入することと、署名するこ
とについて責任を負います。マーカーには規則の裁定をする権
限はありません。規則を適用する責任はすべてプレーヤーにあ
ります。

自分の球であるかの確認のために球を拾い上げるときなど、
マーカーが立ち会わなければならないかつての規則はなく
なっている。規則では、球の拾い上げや救済エリアの決定な
ど、プレーヤーが単独で処置することを認めている。

Caddies
キャディー

Q キャディーを複数人
使用することができる?

Q キャディーが
規則違反をした場合は?

Q 共用のキャディーは誰のキャディー?

Q キャディーが
単独でできるのは
どんなこと?

Referee

「バンカーならし＝キャディーの業務」
などと考えるべきではない。本来はプレ
ーヤー自身の役割だ。

キャディーとはラウンド中にプレーヤーを
助ける人でプレーヤーのクラブを運んだり、
プレーヤーにアドバイスができる唯一の人です。

キャディーは1人だけ ●R10.3

ラウンド中、プレーヤーは一度に1人のキャディーだ
けを使用することができる。キャディーを複数人使っ
てプレーすると違反の起きた各ホールに対して2罰打。

プレーヤーが罰を受ける ●R10.3

ラウンド中のキャディーの規則違反はプレーヤーが責任を持た
なければならない。したがって、キャディーが規則違反をした
場合、その罰はプレーヤーが受けることになります。

指示したプレーヤーのキャディー ●R10.3

複数のプレーヤーが1人のキャディーを使用している場合、あ
るプレーヤーからの指示のもとに行動しているキャディーは、
その指示に関する行動をしている間はその指示を出したプレー
ヤーのキャディーとなる。特に指示がない場合に規則の問題が
起きたときは、その規則に関連した球の持ち主のキャディーと
なります。

バンカーをならしたり
旗竿に付き添ったりできる ●R10.3

キャディーはプレーヤーの承認なしに次のことなどができる。
❶クラブ、用具の持ち運び、カートの移動、運転
❷アドバイス
❸旗竿（フラッグスティック）の付き添い、取り除き
❹ルースインペディメント、動かせる障害物の取り除き
❺パッティンググリーン上で球をマークして拾い上げること
❻バンカーをならす

Q キャディーが プレーヤーの承認を得て できるのはどんなこと?

キャディーはプレーヤーと 一体ともいえるが、主体は プレーヤーだ。

Q キャディーがやっては いけないことは?

ABC!

Q アドレスの向きを キャディーに 確認して もらってもいい?

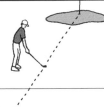

A 救済を受ける球を 拾い上げることもできる ⊙R10.3

プレーヤーが承認すれば、キャディーは次のようなことができます。

❶プレーヤーの球が止まった後に悪化した状態を復元すること。例えば、止まっている球の近くに他の球が飛んできて作った穴の修復

❷規則に基づいて救済を受けることをプレーヤーが決めた後に球を拾い上げること

A 救済を受けるかどうかを キャディーが決めることは できない ⊙R10.3

キャディーは、次のようなことをやってはいけません。

❶キャディーが拾い上げていない球をリプレースすること。このリプレースした球をプレーしたら1罰打

❷救済エリアにドロップしたりプレースすること。このドロップかプレースした球をプレーしたら1罰打。このドロップした球が救済エリア外に止まり、その球をプレーしたら2罰打

❸救済を受けることの決定。この決定をする権限はプレーヤーだけにある

A 後方に立たせてはいけない ⊙R10.2

プレーの線を示すため、自分のキャディーや他のプレーヤーに、プレーの後方線上やその近くに立ってもらうことはできません。もし、プレーの線の後方にキャディーがいたとしても、プレーヤーがキャディーをどかせてスタンスを改めてとり直せば、罰はありません。

Practice
練習

Q スタート前は
どこで練習する
ことができる?

Q 素振りは練習になる?

Q ラウンド中に
練習をすることはできる?

Referee

親切心で他のプレーヤーに
球を戻すために打ったのは
練習にはカウントしない。

「委員会」とは何を指す?

Did you know?

ラウンドをスタートする前、
そしてスタートした後に練習することについては
いくつかの制限があります。

認められた練習場では 練習することができる ➲R5.2

コース内で練習することはできない。このコース内とはアウトオブバウンズにはなっていない場所を意味する。ただし、委員会が指定した練習区域での練習や、最初のティーイングエリアや、その近くでパッティングやチッピングの練習をすることはできます。

素振りは構わない ➲R5.5

ホールをプレー中、規則で禁止されているのは、ラウンド中に実際に打球する「練習ストローク」であり、球を打つ意思のない「練習スイング」である素振りはいつ、どこで行っても構わない。

ラウンドが始まった後は 練習をすることはできない ➲R5.5

原則として練習することはできないが、ホールとホールの間では次の❶〜❸の場所か、その近くで、パッティングやチッピングの練習をすることができます。
❶終了したばかりのパッティンググリーン
❷練習グリーン
❸次のホールのティーイングエリア

英語では「Committee」。ゴルフルールで使う「委員会」は、競技やコースを管理する人またはグループのこと。競技ではルールに対する最終決定権を持った人たちが「委員会」であり、委員会が指名したオフィシャルが「レフェリー」だ。

Pace of Play
プレーのペース

Q スロープレーとなってしまう目安は?

Referee 18ホールを4時間少々で回るには毎ショット40秒はかけられない。

Q ラウンド中、トイレに行くことはできる?

Q スロープレーの罰打は?

トーナメントでスロープレーによりペナルティーを科せられるケースが時折。

STROKE **PENALTY**

4 + **1**

Q プレーのペースを遅らせないために打順を変えることはできる?

ラウンド中は一緒にプレーしている
他のプレーヤーだけでなく、
コース全体のプレーヤーのことも考えて、
速やかにプレーしなければなりません。

 1ストローク40秒以内が目安 →R5.6

規則では1ストロークを40秒以内に行うことを推奨している。
40秒は1ストロークを行うのに十分な時間で、通常はそれより
速くプレーすることを心がけましょう。

 スロープレーにならなければOK →R5.6

プレーを遅らせることがなければトイレ等に行くためにコース
を離れることは違反とはなりません。

 3段階で罰が重くなる →R5.6

プレーを正当な理由なく遅らせた場合、最初の違反
は1罰打。2回目の違反は2罰打、3回目の違反で失格。
違反がホールとホールの間で起きた場合、罰打は次の
ホールに適用されます。

 むしろ推奨されている →R6.4

先にプレーすべきプレーヤーがまだ準備ができていない、ト
イレに行っているなどの場合、プレーのペースを遅らせない
ことを目的に打順を変えてプレーすることができる。プレー
のペースを遅らせないための打順変更は、安全が確認できる
状況では認められているだけでなく、推奨されます。

Teeing Area
ティーイングエリア

Q ティーイングエリアの
範囲はどこまで?

エリア内

エリア外

Q ティーイング
エリア内にある
球とは?

> ティーイングエリア内の
> 球をストロークすると
> き、体や足はティーイン
> グエリアの外側にあって
> もよい。

Referee

Q ティーショットで
ティーイングエリアの
外にある球を
プレーした場合は?

Q ティーマーカーを
動かしたら?

> ティーマーカーの位置は、
> 委員会が設定する。そして
> そのティーイングエリアか
> らプレーするすべてのプレ
> ーヤーに対して同じ位置の
> ままであるべきだ。

Referee

ティーイングエリアとは
ホールをスタートするエリアです。
プレーヤーはそのティーイングエリア内から
球をプレーしなくてはなりません。

ティーマーカーから2クラブの長さの 奥行きがあるエリア ●R6.2

ティーイングエリアの範囲は下記のとおり。
🏌前側は2つのティーマーカーの最も前方を結ぶ線
🏌横側は2つのティーマーカーの外側から後方2クラブレングス

球の一部でもティーイングエリアに 触れている、またはその上にある球 ●R6.2

球全体がティーイングエリアの外にある場合に、ティーイング
エリアの外にある球。球の一部がティーイングエリア内にあれ
ば、その球はティーイングエリア内の球となる。

2罰打でプレーをやり直す ●R6.1

2罰打を加え、改めてティーイングエリア内から球を
プレーしなければならない。ティーイングエリアの外
から球をストロークした打数はカウントしないので、
次は3打目となる。この訂正のプレーをせずに、その
ホールを終えて次のホールのティーショットをプレー
した場合は失格です。

2罰打のペナルティー ●R6.2 / R8.1

ティーマーカーはティーイングエリアを
定めるため設置されたものなので、ティ
ーイングエリア内に球があるときに動か
すことはできない。スタンスの邪魔にな
るからといってティーマーカーを動かし
てプレーした場合は2罰打。

Q 球を乗せるティーの
規定はある?

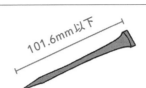

101.6mm以下

42.67mm以上

Q ティーイングエリア内の
地面の凸凹を
ならしてもいい?

Q ティーイング
エリアに
張り出した木の
枝をスイングの
邪魔になるという
理由で折ったら?

Q 空振りで球がティーから落ちたら?

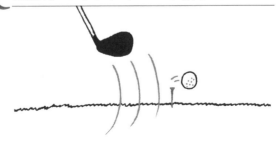

A ティーの長さや特徴に規定あり ➡R6.2

ティーは4インチ（101.6mm）以下でなければならず、球の動きに影響を及ぼす機能や、プレーの方向を示すことができる形状のものを使用することはできない。規則違反のティーを使用した場合、最初の違反は2罰打、2回目の違反は失格となります。

A 平らにしてからプレーできる ➡R6.2 / R8.1b

罰なし

ティーイングエリア内の地面の不正箇所や凸凹は、平らにしてからプレーすることができます。

A 2罰打となる ➡R6.2b / R8.1a

2罰打

ティーイングエリア内では、凸凹を直したり、芝を押さえつけることなど、地面を改善することは認められている（R6.2b）。しかし、ティーイングエリアに張り出している木の枝など、ストロークに影響する状態を改善することは認められておらず、枝を折ってしまえば2罰打となります。ティーイングエリア内の別の場所に移動したとしても2罰打は免れない。

A 罰なしにティーアップして2打目を打てる ➡R6.2b(5)

空振りはストロークとしてカウントされるので、次のストロークは2打目になります。空振りの結果動いたその球が、ティーイングエリア内にあれば罰なしにティーアップし直し打てます。ティーアップする場所を変えることもできます。素振りや、ストロークを行う準備をしている間に偶然に球を動かしても、それはストロークとはみなされません。

Order of Play
打順

Q 打順を間違えてプレーした場合、
　罰はある?

Q ティーイングエリアで
　暫定球をプレーする場合の打順は?

「暫定球を打つ」という
フレーズを口に出して言
うことが大事。

Referee

Q ティーイングエリア以外の
　場所で暫定球を
　プレーする場合の順番は?

Q パッティンググリーン上で
　パットする順番は?

「お先に!」と言ってカップイン
するのはよい。

Referee

スタートホールのティーショットは組み合わせの順番でプレーします。ティーショット後はホールから遠い球からプレー。そして次のホールのティーイングエリアでは前のホールでのスコアが最も少ないプレーヤーからプレーしていきます。

A 罰はない ⊃R6.4

打順を間違えてプレーしても罰はない。しかし、誰かを有利にするためにわざと打順を変えることに同意した場合には、関係したプレーヤーは2罰打を受けます。

A 他のプレーヤーが打ち終わった後に打つ ⊃R6.4

ティーショットがOBかもしれない、または紛失しているかもしれないと思った場合にプレーする暫定球は、他のプレーヤーたちがそれぞれ第1打をプレーした後にプレーします。

A 他のプレーヤーが打つ前にストロークする ⊃R6.4

他のプレーヤーがプレーする前に、直前のストロークに続いてプレーします。

A ホールから遠い方が先にプレーだが、例外もある ⊃R6.4

ホールから最も遠い球から先にプレーするべきだが、パッティンググリーン上で短いパットを先にプレーしたり、スタンスをとろうとすると他のプレーヤーのプレーの線を踏んでしまう場合などは、プレーの順番を変えることができます。

Clubs
クラブ

Q 規則違反のクラブを持って
ラウンドしてしまった場合は?

Q 14本以内であれば
ドライバーを2本持って
プレーしてもいい?

Q 他のプレーヤーの
クラブを借りてもいい?

Referee

球は他のプレーヤーから
もらって使ってもいい。
しかしクラブは……。

Q 15本持って
ラウンドしてしまった場合は?

Referee

14本に制限されたのは1938年。
20世紀前半は何十本もクラブを
持ち歩くプレーヤーがいて、キャ
ディーからクレームが出ていた。

クラブは規則に適合したものを使用します。
クラブを貸し借りすることはできませんし、
1ラウンドで持ち運べるクラブは14本までです。

A 違反クラブでストロークすると 競技失格 ●R4.1a

罰なし

失格

違反クラブを持ち運んだだけでは罰はない。ただし、
違反クラブでストロークした場合は、失格となります。

A ドライバー2本、 パター2本でもOK ●R4.1

罰なし

14本のクラブの種類は制限されていない。例えば、パ
ターを2本、ドライバーを2本持っていても合計の本
数が14本以内であれば罰はありません。

A クラブを借りてプレーしたら 1ホール2罰打 ●R4.1

2罰打

最大4罰打

失格

同じコースでプレーしている他のプレーヤーのクラブ
を使用することはできない。使用してしまった場合、
違反のあったホールのスコアに2罰打を追加します（1
ラウンドで最大4罰打まで）。使用をやめないと失格。

A 15本目のクラブを すぐに除外する ●R4.1c

2罰打

最大4罰打

失格

違反を発見したらすぐにマーカーか他のプレーヤー
に、そのプレーから除外するクラブを告げます（2罰
打、最大4罰打）。あるいは、除外するクラブをバッグ
から出してカートに置くなどの明確な行動をとります。
14本を超えるクラブを除外するこれらの処置をとら
なかった場合は失格。

Q ラウンドをスタートする直前に
クラブが15本あることに
気づいたら?

Q ラウンド中にクラブを
追加することはできる?

Q ラウンド中に
クラブを自分で
壊してしまった場合は?

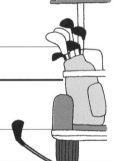

Q クラブが他人によって
壊された場合は?

Q ラウンド中に
クラブの性能を
変更しても
いい?

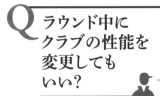

Referee

カチャカチャとフェース向き
を変えられるようなクラブが
出て以降、"性能変更"はよ
りクローズアップされた。仮
にラウンド中に自分で調整し
てしまった場合、ストローク
前に元に戻せば罰はない。

A プレーをスタートする前に 使わないクラブを明確にする ⊃R4.1c

罰なし

2罰打

最大4罰打

そのラウンドのプレーから除外するクラブを明確にする処置をとれば罰なし。何もせずにプレーを始めると1ホールにつき2罰打、最大4罰打となる。

A プレーを遅らせなければOK ⊃R4.1b

罰なし

持ち運ぶクラブの本数が14本を超えなければ、ラウンド中にクラブを追加することができる。ただし、プレーを不当に遅らせたり、持ち運んでいるクラブの部品を組み立てたりすることはできません。

A 乱暴に扱った場合を除き 修理または交換できる ⊃R4.1a

罰なし

そのラウンドでは壊れた原因が何であれそのまま使用することができる。 ⊃p.46参照

A 修理または交換できる ⊃R4.1a

ラウンド中にクラブが他人によって壊されてしまった場合（例えば、他人に踏まれた、カートにひかれた）、罰なしにそのまま使用するか、プレーを不当に遅らせないで修理するか、他のクラブに取り替えることができます。

A 性能を変えても罰はないが そのクラブを使えば失格 ⊃R4.1a

罰なし

失格

ラウンド中にクラブの性能を故意に変更した場合（例えば鉛テープを貼る）、性能を変えたことだけでは罰はないが、そのクラブでストロークをした場合は、失格となります。

Equipment
使える用具、使えない用具

Q 距離計測機器を
使用することは
できる?

ローカルルールで
禁止する場合もあ
るので注意。

Referee

Q 距離計測機器で測れるものは?

Q 多機能の距離計測機器や
スマートフォンは使える?

スマートフォンのアプリでグリーン面の
傾斜を測るのはもちろんルール違反。水
の入ったペットボトルを置いて、水面の
傾きで傾斜を読むのも違反となる。

Referee

Q オーディオプレーヤーや
ビデオを使いながら
プレーできる?

**クラブと球以外の用具には、
距離計測機器など、使用できる用具と
使用できない用具があります。**

使用できる ●R4.3

距離を計測することはできる。ただし、委員会がローカルルールでその使用を禁止している場合もあります。スタート前にローカルルールを確認しておきましょう。

距離だけ。高低差や風力はNG ●R4.3

計測できるのは2点間の距離だけ。例えば、球からグリーンエッジまでや、ある木からバンカーの先端までの距離です。それ以外のプレーに影響する状況、例えば高低差、風向き、風力などを計測することはできません。これらの行為の1回目の違反は2罰打。2回目の違反は失格です。

距離以外を計測しなければ
使用できる ●R4.3

どのような機能がついていても、2点間の距離以外のプレーに影響する状況を計測する機能を使用しなければ違反とはならない。もし違反となる計測機能を使った場合は最初の違反は2罰打、2回目の違反は失格となります。

スイングテンポに生かすと違反 ●R4.3

プレーに関連しないニュース映像などを見ることはできるが、周囲への配慮が必要（**R1.2**）。また、他のプレーヤーのスイング動画を撮影し、見ることは、自分のプレーの援助になるので違反。1回目の違反は2罰打、2回目の違反は失格となります。

Q 距離計測機器を借りたり、共有することはできる?

Q 距離についての情報を他のプレーヤーに聞いてもいい?

Q ラウンド中に練習器具を使用できる?

Q クラブの形をした練習器具なら使用できる?

「どこを狙えばいい?」はアドバイス?

Did you know?

借りても共有しても大丈夫 ◯R4.3

ゴルフルールではクラブの貸し借りが禁止されているが、それ以外の用具の貸し借りは禁止していません。

 距離の情報は
聞いても、教えてもOK ◯R4.3

2点間の距離の情報はアドバイスではありません。

 練習器具はラウンド中
使用できない ◯R4.3

ラウンド中に練習器具を使用することはできません。
最初の違反は2罰打、2回目の違反は失格となります。

 使用できないし、
クラブの1本として
数えられる ◯R4.3

ラウンド中は練習器具を使用することはできない。その練習器具がクラブヘッドとシャフトから構成されるものであればクラブとみなされ、クラブの1本として持ち運んでいることになり、14本の1本としてカウントされます。

グリーンが見えない。そんなとき他のプレーヤーが「グリーンはこっち！」と場所を教えても罰はない。だが自分のキャディー以外に、戦略的な意味で「どこを狙えばいい？」と聞くとアドバイスを求めたことによる違反となる。

Making a Stroke
球を正しく打つ

Q クラブならどの部分で
球を打ってもいい?

Q 違反となる打ち方は
どんなもの?

ラインをまたいで構え、両足の真ん中に置いた球を押し出すように打つ。ツアー 82勝の名手サム・スニードが考案したクロッケー・スタイルと呼ばれたこのパッティングは「入りすぎる」ため、1968年に禁止されている。

Q 偶然 "2度打ち" に
なったら?

球はクラブヘッドで打たなければなりません。
ひとつの球をひとつのクラブで正しく打つことによって、
できるだけ少ないストローク数で
ホールアウトするゲームです。

A ヘッドで打てば
ルール違反にはならない ⊃R10.1

クラブヘッドであればどの部分で打っても構いません。

A 押し出したり
かきよせるのは、違反 ⊃R10.1

球とクラブが一瞬だけ接触するように打たなければな
らないので、押し出したり、すくい上げたり、かきよ
せたりするような打ち方は違反。この規則に違反して
行ったストロークは1打とカウントされ、2罰打とな
ります。

プレーの線をまたいだり、踏んだりしな
がらプレーすることは禁止されている。
2019年からは、グリーン上だけでなく、
木の根元などからの"股抜きショット"も
NGで、2罰打となった。

A 2回以上当たっても
偶然ならば1ストローク ⊃R10.1

プレーヤーのクラブが偶然に2回以上球に当たった場
合、1回のストロークとなるだけで、罰はありません。

Anchoring
アンカリングの禁止

Q アンカリングの禁止とは
　どういうこと?

Referee

クラブを体に固定するのは認めない。
"アンカリング" は2016年からルール
で禁止されている。

Q アンカリングの
　違反となるのは
　どんなこと?

Q グリップエンドが
　服に触れても、
　アンカリングの違反?

「長尺パター」も禁止なのか?

Did you know?

クラブを体に固定することなくスイングを行うことが
ストロークの本質です。

A クラブを体に固定して ストロークすることの禁止 ○R10.1

クラブは両腕（片腕のときもあるが）でコントロール
してプレーするもの。したがって、クラブの一部を体
に固定して、そこを支点のように安定点としてクラブ
を動かす打ち方は禁止されています。アンカリングと
は「固定する」という意味です。

A 固定できないのは グリップエンドや手、前腕 ○R10.1

例えば、グリップエンドを体の一部に固定して打った
り、グリップを持っている手や前腕を体に固定して打
ったりした場合は違反となります。違反して行ったス
トロークはカウントされ、2罰打を受けます。

A 固定しなければ 違反にはならない ○R10.1

アンカリングの規則はクラブや、クラブを握っている
手を体に固定することを禁止したもの。体に固定して
安定点を作っているのではなく、単に衣服にクラブや
手が触れているだけでは規則違反とはなりません。

2016年から「アンカリング」は禁止されたが、長尺パター
を使うことまで禁止されたわけではない。前腕やグリップエ
ンド、それを持った手などを体に固定しなければ長尺や中尺
のパターを使っても違反ではない。

Balls
球に関連したルール

Q 適合球とは どんな球のこと?

Q 球はいつでも 取り替えられる?

Referee

救済のドロップを するときは別の球 に替えられる。

Q 球をふけるケースと ふけないケースは?

or

球はルールに適合したものを使用します。
プレーヤーはティーイングエリアからプレーした球で
ホールアウトしなければなりませんが、
球を取り替えることができる場合があります。

テストに合格し
リストに載っている球のこと ⤵R4.2

 失格

適合球とはR&AまたはUSGAのテストに合格した球
のことです。「適合球リストに掲載されている球を使
用しなければならない」というローカルルールが制定
されている競技では、そのリストに掲載されている球
を使用しなければなりません。この場合で、もし不適
合球でプレーしたら失格となります。

ホールとホールの間や、
救済処置の際に取り替えられる ⤵R6.3b

ホールのプレー中は球を取り替えることができないが、ホール
とホールの間では球を取り替えられます。また、規則に基づい
て救済処置を受ける場合は球を取り替えることができます。例
えば、道路からの救済、ペナルティーエリアからの救済などで、
取り替えが可能です。

球をふけないのは
この4つのケース ⤵R14.1c

 1罰打

インプレーの球を規則に基づいて拾い上げた場合、そ
の球をふくことができます。ただし、次の4つの規則
に基づいて拾い上げた球はふくことができません。
❶球が切れたかひびが入ったか確認するため ⤵R4.2c
❷自分の球かどうか確認するため ⤵R7.3
❸他のプレーヤーのプレーの障害となるため ⤵R15.3
❹球が救済を受けられる状態にあるかどうかを確かめ
るため ⤵R16.4
これらの球をふいてしまった場合、1罰打を受けます。

Q 球が切れたり、ひびが入った場合、どうすればいい?

Q 球に引っかき傷が!取り替え可能?

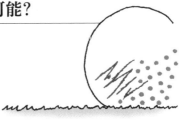

Q リプレースの際に球を替えられる?

Q 球をカイロで温めて使ってもいい?

「規則に基づいて○○する」
って、どんな意味?

Did you know?

他の球に取り替えOK ○R4.2

止まっている球が切れているのか、ひびが入っているのかを確かめたいときは、球の位置をマークして拾い上げて確認する。ただし、球をふくことはできません。球が損傷していなければ元の位置にその球をリプレースします。

 引っかいた、こすれたでは球は替えられない ○R4.2

単に引っかいた、こすった、ペイントがはがれた、色あせただけの場合は、球を取り替えることはできません。球のこすれをもって"損傷"と主張する人がいましたが、明確に取り替え不能となりました。取り替えが認められていないのに球を取り替えてプレーしたら1罰打で、その球でホールアウトしなければならない。

 リプレースでは元の球を使う ○R14.2

使っていた球をリプレースすることが義務づけられているが、例外も。「プレーヤーの故意ではなく、数秒以内に合理的な努力により球を取り戻すことができない場合」となっており、他の人が誤球して池に打ち込んだ場合などが、それに当たります。

 故意に温めて打つと失格に ○R4.2a

温めたり、こすったりして性能を故意に変えた球で、ストロークすると失格となる。寒い冬のプレーの際、使い捨てカイロで故意に温めるのも、違反行為です。

この表現が規則書にはたびたび出てくる。例えば球がカート道路に止まったとき"規則に基づいて"救済を受けるといえば「完全な救済のニヤレストポイントを基点とした1クラブレングスの救済エリア内に、膝の高さからドロップ」という、規則で決められたやり方で救済を受けるという意味。

Q "誤球"とはどんな意味?

Q 誤球を
プレーしてしまった場合
どうなる?

Referee

誤球しないように、
球に識別マークを付
けましょう。

Q 誤球したのち
自分の球を
発見できないときは?

AさんがBさんの球を
打ってしまうと誤球
をプレーしたことに

球を拾うときは
とにかくマーク?

Did you know?

A 自分のインプレーの球、暫定球、第2の球以外の球すべて

定義

他のプレーヤーの球、捨てられている球、OBとなった球、紛失球となった球は誤球です。

 A 2罰打を加え自分の球をプレー ●R6.3

2罰打

誤球をプレーした場合は、2罰打を加え、改めて自分の球を見つけてプレーします。誤球にストロークした打数はカウントしません。したがって、第2打地点で誤球のプレーをした場合、その誤球を何回プレーしたかに関係なく、自分の球を見つけてそれを4打目としてプレーをしなければなりません。

 A 誤球の2罰打、ストロークと距離の1罰打、合計3罰打で別の球をプレー ●R6.3c / R18.2

3罰打

誤球したあと、3分以内に自分の球を見つけることができなければ、その球は紛失となる。1罰打を加え最後に自分の球にストロークした地点に戻って別の球をプレーします。例えば、第2打地点で誤球をプレーし、自分の球が発見できない場合、誤球の2罰打とストロークと距離の1罰打を加え、ティーイングエリアから5打目をプレーします。

救済を受けられるケースでは球をマークせずに拾い上げることができるが、球を元の場所にリプレースする場合は、球を拾い上げる前にその箇所をマークする必要がある。自分の球かどうか確認する場合も、球を拾い上げるならまずマーク。マークしてから拾い上げる習慣をつけよう。

Ball Search
球を捜す

Q 球を捜すことが できる時間は？

2018年まで5分 だったが短縮さ れた。

Referee

Q 球を紛失した場合 どうすればいい？

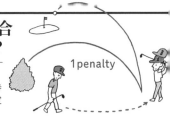

1 penalty

最初に打った球が見つからず、 元の位置から打ち直し。この時 間と労力をセーブするには暫定 球を打つことだ ➔p.105参照

Q 止まっている球が 自分のものか 確認したいときは？

マークは忘れずに。 基本、ふかずに確認。 ふきすぎは1罰打。

Referee

Q 球を捜しているときに 草や木を曲げても 大丈夫？

球を捜す時間は3分間に制限されています。
また、捜しているときに球を動かしたり、
草木を曲げたりすることについてのルールがあります。

球を捜し始めてから
3分以内 ○R18.2

球を捜し始めてから3分以内に球を見つけることができなければ、紛失球です。

最後に球を打った場所に戻り
1罰打でプレー ○R18.2

1罰打を加え、最後にプレーしたところからプレーをします。例えば、ティーショットが紛失球となった場合、3打目をティーイングエリアからプレーする。

球をマークして拾い上げる。
確認のため
一部ふくこともできる ○R7.3 / R14.1c

球をマークして拾い上げ、自分の球かどうかを確認することができます。この場合、自分の球であることを確認するために必要な程度で球をふくことが可能。例えば、泥がついていて番号が見えない場合、その番号が見える程度にふくことができます。

曲げても折っても
罰はつかない ○R7.1 / R8.1a

ゴルフの原則は「コースはあるがままにプレーする」。プレーに影響する場所の草木を曲げたり、折ったりすることはできません。しかし、球を見つけるため、合理的で必要な行動を取っているときに草や木を曲げたり、その結果、草木を折ってしまっても罰はない。

Q 球を捜しているときに自分の球を動かしてしまったら?

Q 球を捜す"3分"はどの時点からカウント?

3 min

「合理的行動」
と規則書に何度も出てくるが?

Did you know?

A 偶然に動かしても罰はなし。球は元の位置にリプレース ⮕R7.4

罰なし

球を捜しているときに偶然に自分の球を動かしてしまっても、合理的行動をとっていたのであれば、罰はありません。動かした球は元の位置にリプレースする。元あった位置が完璧に特定できない場合は、位置を推定してリプレース。

A プレーヤーまたはそのキャディーが球のありかを捜し始めたときから ⮕R18.2

球を捜し始めてから3分以内にその球を見つけられなければ、紛失球となります。ただしプレーヤーには球の確認に必要な合理的時間が認められます。球が3分以内に見つかれば、その球の場所まで行く合理的な時間と、球が自分のものかどうかを確認する1分間が、3分間とは別に認められるということです。
⮕p.51参照

Referee

> 捜索中に球を見つけ、自分の球か確認したいときは、必ずマークして拾い上げるべし。確認ができる範囲で泥を落としてもいい。マークしなかった場合は1罰打。

「合理的な行動をとってフェアに捜索する」とは、必要以上に芝を踏みつけて地面を平らにしたり、意図的に木の枝を折ったりなどの行き過ぎた行動をせずに球を捜すこと。球が見つかるようにと、長草の中を足で前後に掃いたり、木を揺らすことは認められる。

Play as It Is Found
あるがままにプレー

Q 球の真後ろの地面を
クラブで平らにしてもいい?

Q 練習スイングで
木の枝を折ってしまったら
ペナルティー?

Q 他のプレーヤーの
ショットで取れた芝が
球の近くに止まった。
ディボット跡に戻せる?

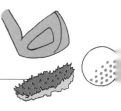

球の上に虫!
これはルースインペディメント?

Did you know?

規則ではストロークに影響を及ぼす状態を
改善してはいけません。ストロークに影響を及ぼす
状態とは、球のライ、スタンスや意図する
スイング区域、プレーの線などのことです。

平らにできるのは
ティーイングエリア内だけ ➲R8.1 / R6.2

バンカー内でなければ球の直前、直後にクラブを軽く
地面に置くことは許されているが、その程度を超えて、
例えばクラブで地面を叩いてその盛り上がっている箇
所を改善することはできません（違反は2罰打）。ただ
し、ティーイングエリアからプレーする場合は、その
ティーイングエリア内の地面の不正箇所を直すことが
できます。

結果としてスイングしやすく
なってしまったら2罰打 ➲R8.1

その枝を折ったことによって、ストロークのためのス
イング区域が改善されたという事実がある場合には、
2罰打を受けます。改善がなければ罰なしです。

罰なしに、ディボット跡に
戻すことができる ➲R8.1

切り取られた芝（ディボット）は、ルースインペディ
メントとして、罰なしに動かすことができます。すで
にディボット跡に戻されているディボットは、動かす
ことはできません。

死んだ虫は球に貼り付いているとみなされる場合があるが、
生きている虫は、止まっていても球に貼り付いていることは
ない。だから、球の上の生きている虫は、ルースインペディ
メントとして取り除いてもいい。

Q 球の真後ろにある
邪魔な砂を取り除いたら
罰を受ける?

Q バックスイングに邪魔な
OB杭を抜いて
しまったら?

> ペナルティーエリアや
> 修理地の杭は抜いてい
> いがOB杭は別。

Referee

Q バンカーで並んだ球を
拾い上げた場合、
変えられたライは元に戻せる?

バンカーで並んだ球を
1人が打てば、マーク
して拾い上げていたプ
レーヤーの球のライは
変わっているだろう

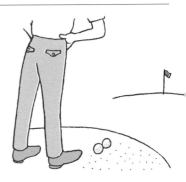

**"元の状態に復元"は
どんな意味?**

Did you know?

A 砂はグリーン上以外では 取り除けない ○R8.1

砂はルースインペディメントではないので、ストロークに影響を及ぼす可能性がある場合は取り除くことはできません（違反は2罰打）。ただし、パッティンググリーン上では取り除くことができます（罰なし）。

A OB杭は動かすことができない ○R8.1

OB杭は動かすことができません。OB杭を抜いた結果、ストロークに影響を及ぼす状態を改善したという事実があり、その状態でストロークした場合は、2罰打を受けます。ただし、OB杭を元の位置に戻してからストロークを行った場合は、罰はありません。

A 罰なしに元の状態に 戻さなくてはならない ○R15.3 / R14.2

左のイラストのような、バンカー内でストロークの妨げになる球を拾い上げたときは、ストロークした後にライを元の状態に復元しなくてはならない。球は罰なしに、リプレースする。

> ライが変えられる前の元の状態に"できる限り近い状態"に戻すのが"復元"だ。バンカーであれば砂への球の埋まり具合なども、なるべく正確に再現する。ライを復元せずに球をプレーしたら、誤所からのプレーで2罰打だ。

Play as It Lies
球を動かした!

Q 止まっている自分の球を
動かしてしまった場合は?

Q 救済を受けようとしていたら
球を動かしてしまった。
どうすればいい?

Q 他のプレーヤーにより
自分の球が偶然に動かされたら?

Q 構えていたら
偶然にクラブが当たり
球が揺れたが大丈夫?

**球はあるがままにプレーするのがゴルフの原則。
ルールで認められている場合以外は、
球は止まっているところからプレーしなければなりませんし、
動かしてはいけません。**

A 1罰打でリプレースだが 罰がない場合も ●R9.4

1罰打を加え、その球をリプレースします。ただし、次の4つのケースでは罰なしにその球をリプレース。
❶球を捜索中、偶然に動かした場合
❷パッティンググリーン上の球を偶然に動かした場合
❸ルールを適用している間に偶然に球を動かした場合
❹ルールで球を動かすことを認められている場合（救済処置など）

A 罰はない ●R9.4

救済処置をとるために基点を決めている場合や、ルールに基づいて球を拾い上げようとしている場合、動かせる障害物を取り除く場合など「ルールを適用している間に偶然に球を動かした場合」は、罰はありません。救済処置で別の場所にドロップやプレースする場合はリプレースする必要はありませんが、それ以外の場合はリプレースします。

A 誰にも罰はない ●R9.6

誰にも罰はなく、その球を元の位置にリプレースしなければなりません。

A 揺れて戻れば球は動いていない ●R9.4

罰なしでそのままプレー。もしも半転がりでもしたならプレーヤーが原因で球が動いたこととなり、1罰打で元の位置にリプレース。ただし、パッティンググリーン上で偶然の場合は罰なしでリプレースします。

Q カラスが球を 持ち去ったかもしれない。 どうすればいい?

カラスが球をくわえたところは見ていないが、球の近くにいたカラスが、球をくわえて飛んでいくのが見えた、といったケース。

Q 球の真後ろにある 枯葉を取り除いて 球が動いたら?

Q プレーヤーが 球を動かした原因となったか わからない場合、どう判断?

「わかっている、または事実上確実」 ってどういう意味?

Did you know?

A 確実にカラスが持っていったなら 罰なしにリプレース ●R9.6

●R9.6

罰なし

自分の球がカラスによって持ち去られたことがわかっているか、事実上確実だという証拠があれば、罰なしに元の位置に別の球をリプレースすることができます。元の位置が不明な場合は推定してリプレース。事実上確実だという証拠がなく、また球を捜し始めてから3分以内に自分の球を見つけることができなければ紛失球となります。

A 1罰打を受け、 球をリプレース ●R15.1

●R15.1

1 罰打

罰なし

球がパッティンググリーン、ティーイングエリアにある場合は、罰はありません。それ以外のコースエリアでは罰になります。ルースインペディメントは球が動かないように取り除きましょう。

A 「事実上確実」でなければ プレーヤーが動かしたことにならない ●R9.2

●R9.2

プレーヤーが球を動かす原因となっていたかどうかを判断する場合は、「わかっているか、事実上確実」という基準を使います。「わかっている」は100%の証拠がある、「事実上確実」は95%以上の強い証拠があるという意味です。プレーヤーが動かしたことにならないと判断したならば、風などの自然の力が球を動かしたことになり、その球が動いて止まったところからプレーしなければならない。

> 「わかっている」は「池に球が入るのが見えた」「池の中の自分の球が見える」というような100%の完全な証拠がある場合。「事実上確実」は100%の証拠はないが、「周りの状況からして池に入ったことがほぼ間違いない」という意味だ。

Ball in Motion
動いている球

Q ストロークした球が
自分自身に当たったら?

Q ストロークした球が
他のプレーヤーに
当たった場合は?

Q ストロークした球が
カートに当たった場合は?

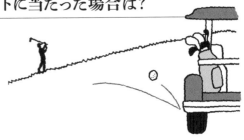

Q ストロークした球が
動物に当たってしまった場合は?

コースには鹿やイノシシなど、数多くの動物が生息している。フェアウェイを横切る鹿に球が当たってしまったら、どうすればいい?

動いている球が偶然に人、動物、用具に
当たった場合は罰はなく、球が止まったところから
プレーします。また、パッティンググリーン上から
プレーされた球には例外があります。

自分に当たっても、罰はない ⊃R11.1

 罰なし

罰はなく、球は止まったところからプレーします。

他のプレーヤーに当たっても罰はない ⊃R11.1

罰なし

罰はなく、球は止まったところからプレーしなければ
なりません。なお、他のプレーヤーに当たらないよう、
安全なプレーを心がけましょう。

共用のカートに当たっても、罰はない ⊃R11.1

罰なし

プレーヤー共用のカートに球が当たった場合、誰が動
かしていたのか、または動いていたのか、止まってい
たのかに関係なく、罰はなく、球は止まったところか
らプレーします。

やはり球が止まったところからプレー ⊃R11.1

 罰なし

罰はなく、球は止まったところからプレーをしなけれ
ばなりません。

Q グリーン上で打った球が グリーン上の 他の球に当たったら?

Q 動いている球を プレーヤー自身や他の人が 故意に止めた場合は?

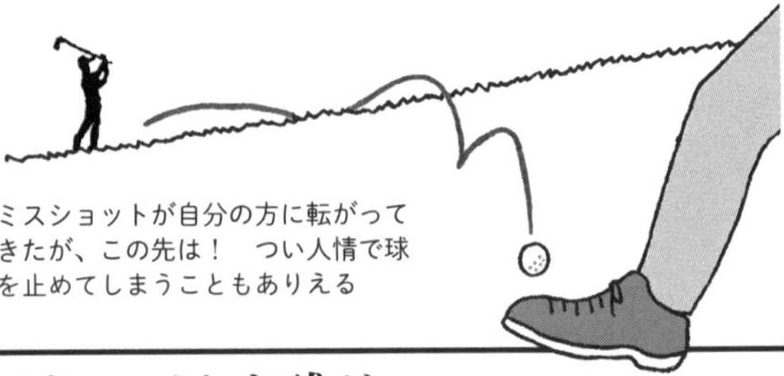

ミスショットが自分の方に転がって
きたが、この先は! つい人情で球
を止めてしまうこともありえる

Q ストロークした球が 丘から転がり戻ってくる最中に 球が止まりそうな場所を 平らにした場合は?

**よく耳にする
「6インチプレース」とは?**

Did you know?

A 2罰打で、止まったところからプレー

○R11.1a

グリーン上からプレーされた球がグリーン上に止まっている別の球に当たり、そのストロークの前に両方の球がグリーンにあった場合は、2罰打で球は止まったところからプレーしなければなりません。動かされた別の球は元の位置にリプレースします。また、球が当たりそうなら拾い上げることができます。

A 球を止めたプレーヤーに2罰打

○R11.2

故意であれば、球を止めたプレーヤーは2罰打を受けます。球は、もしその球が故意に止められたり方向を変えられたりしなければどこに止まっていたかを推定し、その推定した基点からホールに近づかない1クラブレングス以内の救済エリアにドロップします。パッティンググリーンからストロークされた球の場合、そのストロークを取り消して再プレーします。

A 故意に平らにしたら2罰打

○R11.3

故意であれば、たとえその球が平らにした場所に止まらなくても2罰打を受けます。球が転がり戻ってくることに気づかずにその場所のライを改善する意図なく平らにした場合は罰なしです。

6インチプレースとは、悪天候のときに採用されるローカルルールだ。地面のぬかるみなどの悪いライから6インチ（約15cm）以内なら球を拾い上げてプレースすることができる特別な措置だ。これはジェネラルエリアのフェアウェイやカラーに止まっている場合のみ使用可。

その ルール、 変わって います から!

1744年にゴルフで初めて 13ヶ条の規則が制定されて以来、 今日まで改訂は続いている。 ここで最新の規則を おさらいしておこう。

構成 中﨑典子

ドロップの方法変遷 2019年から 「ひざの高さから」に

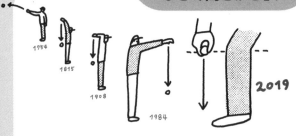

1754
1815
1908
1984
2019

ドロップの 歴史をたどれば「頭越しに後方へ」 から始まり、2019年以降は「膝の高さ」に変わった。 「膝の高さ」から球をドロップすることで、正確に救 済エリアにドロップし、より確実に球をインプレー にすることが可能になった。

　そもそも、ドロップの処置は不確実性の要素があ ることを意味する。プレーヤーは、正しくドロップ した球の止まった箇所を受け入れなければならず、 決してライを選ぶことはできない。これはゲームの 原則である、コースはあるがままにプレーすること と深く関わっている。

球が アウトオブバウンズやペナルティーエリア以外で紛失の可能性がある場合、プレーヤーは暫定球をプレーすることができる。2019年以降、暫定球をプレーするタイミングは、球の捜索を始めた後からでもよくなった。気をつけなければならないのは、球の捜索を始めた後から暫定球をプレーした場合、打ちに戻る時間も3分の捜索時間としてカウントされてしまうことだ。

そもそも暫定球は時間節約が目的のため、以前は初めの球を捜しに出かけて50ヤードを超えたら打ちに戻ることができなかった。今はどのタイミングでも暫定球をプレーできるが、球がどこに行ったのか疑問があれば、すぐに暫定球をプレーすることを推奨する。

「暫定球」は球を捜しに出た後も戻って打てるようになった

This is a provisional ball

「ほぼ確実」から「わかっている、事実上確実」に変更

定義の「わかっている、または事実上確実」とは、プレーヤーの球に起きたことを決定するための基準に使われる。例えば、球が動いたけど何が原因かわからない、あるいは球がペナルティーエリアに入ったのか実際に見ていないなど、曖昧なときの判断基準となる。

　以前は「どちらかと言えばそうであろう」や、「ほぼ確実」を基準としていたが、2019年のルール改訂後、95%以上の可能性でそうであろうと周りの状況からして判断できる場合は、そうであると決定することになった。例えば、球が動いた場合、動かした原因が95%以上の可能性でプレーヤーにあるなら、プレーヤーが動かしたことになる。これが半々の可能性ならば、自然の力で球が動いたとみなす。

そのルール、変わってるルールの、まわっす！かい

バンカーで 誤球した場合は無罰だったと記憶
している人は多いのではないだろうか。これは
2007年までのルールで、ハザード内で確認のた
めに球を拾い上げることが認められなかったこと
に起因する。

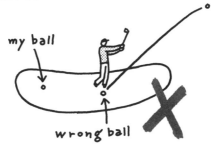

my ball

wrong ball

**球の確認
は必須。
2008年から
「バンカーの誤球」
も罰を受ける
ことに**

2008年以降は、ハザー
ド内でも球の確認ができ
るようになり、その代わ
りにバンカーで誤球した
ら2罰打となった。誤球
した場合、そのストロー
クはカウントせずに、正
球でプレーを続けなけれ
ばならない。

今ではすべてのコースエリアで球確認の拾い上
げができる。ところが誤球しても無罰になるケー
スがひとつだけある。それは水の中で動いている
誤球に対してストロークをした場合だ。これは動
いている球に対して、確認の際にマークやリプレ
ースができないからだ。

2019年以降、止まっている球をプレーヤー
が動かしたとしても罰にならないケースが増えた。
例えば、球の捜索時に動かした場合やグリーン上
で球を蹴ってしまったなどの偶然の動きは、罰な
しでリプレースすればいい。

　そのほかにあまり知られていないのが、規則を
適用している際の球の偶然の動きだ。例えば、カ
ート道からの救済で球をドロップした後に、偶然
にクラブを落としてその球に当たって動かしても
罰はない。もうひとつは球がプレーヤーや用具に
寄りかかって止まった後の動きだ。例えばバンカ
ーからプレーした球があごに当たって跳ね返り、
自分の足に寄りかかった。その足をよけて球が動
いても罰はない。いずれのケースも動いた球はリ
プレースだ。

ルースインペディメント とは分離した
自然物のことをいう。例えば、石、分離した草、
枝、葉などだ。以前はバンカーのルースインペ
ディメントを取り除くと2罰打になるので、球
の近くに葉っぱが落ちていてもそのままプレー
した記憶があるだろう。

　しかし2019年以降は、バンカーを含むコー
ス上や外のどこでも、プレーヤーは罰なしに落
ち葉や石を取り除けるようになった。これはバ
ンカーからプレーする際の最大のチャレンジは
砂であり、ルースインペディメントではないか
らだ。ただし、それらを取り除くときは砂の状
態をなるべく改善し
ないように心掛ける
べきだ。またその行
為が原因で球が動け
ば1罰打となるので
注意が必要だ。

**バンカーの
ルース
インペディメントは
取り除ける**

**その
ルール、
変わって
います
から！**

2019年以降、プレーヤーは旗竿を立てたままパッティングしていいことになった。今や旗竿がホールに入ったままパッティングする風景が日常となり、プレーのペースも向上した。もちろん、これまでのように旗竿を抜いてからストロークしてもいい。強風で旗竿が揺れるときや短いパットが残ったときは、旗竿を取り除いてからプレーしたいと思うかもしれない。

ピンは抜くか、抜かないか

重要なのは、プレーする前に旗竿を立てたままにするか、抜くのかを決めなくてはならないこと。ストロークをして球が動いている最中に、立てたままにしてある旗竿を慌てて抜いてしまうと2罰打になる。これは動いている球に影響を及ぼす可能性のある行動を防ぐための規則だ。

Leave
it
or
remove
it

その
ルール、
変わって
います
から！

ペナルティーエリアとは コース上の川や池などで、委員会がペナルティーエリアと定めた雑木林や沼地なども含まれる。2019年以降、ジェネラルエリアでプレーヤーに認められる行動は、ペナルティーエリアでも認められるようになった。

例えば、ルースインペディメントを取り除くことや、練習スイングやスタンスをとる際にクラブで地面に触れることである。以前、そのような行為は2罰打だったことから、ほとんどのプレーヤーはペナルティーエリアに球が止まったときは、救済を受けることが一般的だった。

それがこの改訂で、ペナルティーエリアにある球をそのままプレーすることが容易になり、プレーヤーの実質的なプレーの選択肢が増えたとも言える。

中﨑典子 なかざき・のりこ
JGAルールテストS級、JLPGA競技委員歴7年。2022年全英女子オープンレフェリー、東京五輪スコアラー。米国、ケンタッキー州生まれ、ノートルダム大学卒業。2008年〜2015年JLPGAツアー参戦

Advice
アドバイス

Q どんな行動や会話が アドバイスになる?

ホールやバンカーの位置は聞いてもいいのに「右を狙うといいよ」はアドバイスになるのか?

Q アドバイスを求めたり、 アドバイスをできる人は?

Q バンカーやホールの位置を 他のプレーヤーに 聞くことはできる?

Q その日の 天気を 聞くことは できる?

ゴルフはプレーヤーが自分自身で考え、
判断してストロークを行うゲーム。
自分のキャディー以外の人と
アドバイスのやり取りをすることはできません。

 ## ストロークやプレーの方法に
影響する情報がアドバイス

アドバイスとは、クラブの選択、ストロークの方法、
プレーの方法に影響する情報を意味します。これらの
情報を話したり、行動で教えたりすることは違反とな
ります。違反は2罰打です。「右を狙うといいよ」はプ
レーの方法に影響するのでアドバイスになります。

キャディーだけ ●R10.2

通常のストロークプレーであれば、プレーヤーとそのプレーヤー
のキャディーだけがアドバイスに関するやり取りをすること
ができます。他のプレーヤーにアドバイスを求めたり教えたり
した場合は違反となり2罰打です。

 ## コースの情報は
アドバイスではないのでOK ●R10.2

バンカーやホールの位置などの場所に関する事実はアドバイス
ではないので、聞いたり、教えたりすることができます。

 ## 天気、気温、湿度なども
アドバイスにあたらない ●R10.2

そのコースの地域の気象
状況、例えば天気、温度、
湿度の情報はアドバイス
ではないので聞くことが
できます。

バンカーまでの距離も、
天気予報も、すでに発表
され誰もが知りうる事
実。それは聞いても構わ
ないということ。

Q 風向きについて 聞くことはできる?

Q 「何番で打った?」と 他のプレーヤーに 聞いた場合は?

Referee バッグを覗いて使用番手を チェックした場合は扱いが 変わる。

Q キャディーに 傘を差してもらい そのままパットしても いい?

Q グリーン上で キャディーがラインを 足で指示できる?

Referee 旗竿に付き添ったキャディーが、ラインの 近くに立つことは例外的に認められてい る。しかし旗竿に付き添わないキャディー が、ストローク中に故意にラインの近くに 立つと2罰打。

A プレーする場所の 風向きを聞くことはできない ⊙R10.2

天気予報などでその地域にすでに発表されている情報であればアドバイスではありません。しかし、球が止まっている場所からプレーする際に影響する、その時点での風向きについての情報はアドバイスとなります。

A 自分のプレーの参考にするために 番手を聞いたら2罰打 ⊙R10.2a

先に打ったプレーヤーに「何番で打ったか」と聞いて「7番アイアン」と答えたら、両方のプレーヤーに2罰打。何番で打ったかを知りたくて、バッグを覗き込んだだけでは罰打はつきませんが、そのために他のプレーヤーのクラブやバッグに触れれば2罰打となるので注意が必要。

A 雨や風、日差しなどから 保護は受けられない ⊙R10.2

自分のキャディーであっても、傘を差してもらいながらパットすることはできません。雨や風、日差しなどの自然現象から保護されたままストロークすると2罰打。自分で傘を差したままストロークしても罰はない。

A 物を置かなければ ストロークをする前ならできる ⊙10.2b

ストロークする前なら自分のキャディーが手や足、クラブや旗竿でプレーの線（パットのライン）を示しても罰はない。ただし、プレーの線を示すために物を置けば（それがグリーン外でも）、2罰打となります。

Helping in Taking Stance

スタンスを
とることへの援助

Q スタンスの意味は?

Referee

> 構えのことをアドレスと言った
> ものだが、現在規則書にそのフ
> レーズはない。

Q スタンスをとるときに、クラブなどを地面に置き、それを目安にできるか?

Q たまに見かけるこのスタンスの決め方はルール違反では?

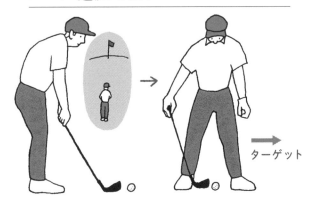

ターゲット

ストロークのためのスタンスは
プレーヤーが自分自身で決定して、
その位置に立たなければなりません。
したがって、物や人の援助を受けることはできません。

 ## ストロークをするための
足と体の位置

ストロークを行うためや、その準備のための足と体の
位置がスタンスです。

 ## クラブを目印にしたら
スタンスをとった時点で
2罰打 ●R10.2

スタンスをとる援助として物を置いてスタンスをとっ
た場合は違反となり、2罰打。違反は物を置いてから
スタンスをとった時点で発生します。

 ## クラブを手で持ち
スタンスのガイドにしても
大丈夫 ●R10.2b

スタンスをとるときの援助となる物(棒やクラブ)を
置くことは違反(2罰打)です。しかし、プレーヤー
が球の後ろに立って、手に持っているクラブをプレー
の線に直角に合わせ、その後で自分のスタンスをとる
ために球の後ろから回り込む場合などは、援助を受け
ているわけではないので違反とはなりません。

Q 一度スタンスをとった後、
キャディーが後方にいたので
すぐにスタンスを解いたが?

Q スタンスをとったとき、
キャディーが偶然後ろに
立っていたら?

「ゲームの挑戦」
の真意は?

Did you know?

A プレーする前にスタンスを解けば 罰は付かない ⏵R10.2b(4)

罰なし

コース上のどの場所であっても、プレーヤーがストロークする前にスタンスを解いた場合、そのプレーヤーは「ストロークのためのスタンス」を始めていたとはみなされないので、罰はありません。

A 「故意」に立っていなければ 違反にはならない ⏵R10.2b

罰なし

そこにいたら
違反では!?

プレーの線の球の後方延長線上やその近くにキャディーを故意に立たせると2罰打。ただし、プレーヤーがこれから行うストロークのためにスタンスをとり始めていること、あるいはプレーの線の後方線上やその近くに立っていることにキャディーが気づいていない場合は、違反ではありません。

このルール(R10.2)は「意図する目標に狙いを定めることは、プレーヤー自身のスキルによって克服しなければならない挑戦」であることを、より明確に示したもの。ゴルフは個人の技量で競うゲーム。だからこそ、ラウンド中にプレーヤーが受けることができるアドバイスや、他の援助を制限しているのだ。

Bunker
バンカー

Q 球がバンカー内にあるのは どんな場合?

バンカ　外
—— バンカー内

Q バンカー内に球があるときに 砂に触れてもいい?

Q 素振りで砂に触れたら?

Q 足を砂に潜らせて 構えられるか?

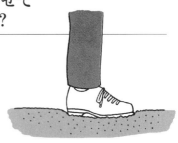

バンカーとは地面から芝や土を取り除いて
砂などを入れたエリアで、
バンカー内の球をプレーする場合には
いくつかの特別な規則があります。

少しでも砂に触れていれば バンカー内の球 ●R.12.1

球の一部がバンカーの砂に触れている場合、その球はバンカー内の球となります。

Referee バンカーは上空には及ばないが、バンカー内に置かれたレーキの上に球があったなら、バンカー内の球として扱う。バンカー内の中州のような芝地に球があれば、バンカー外の球としてプレーできる。

砂の状態をテストするために 触れれば違反 ●R12.2

砂の状態に関する情報を得ることを目的に砂に触れることは禁止されています。違反は2罰打です。

砂の状態のテストとなり違反 ●R12.2

素振りなどの練習スイングをするときに砂に触れることはできません。違反は2罰打となります。

両足をしっかりと 据えることはOK ●R8.1b

スタンスをとるとき両足をしっかりと据えることは認められているが、あくまでフェアにスタンスをとることが求められます。必要以上に足を砂に潜らせれば、足場の改善や砂のテストとみなされて2罰打となる恐れがあるので、注意が必要です。

Q アドレスするときに クラブヘッドを 砂に付けていい?

Referee バンカーはクラブを ソールする(地面に 付ける)ことができ ない唯一のコースエ リアだ。

Q バックスイングで クラブが砂に 触れたら?

BACK SWING

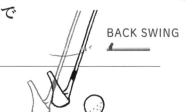

Q バンカー内の ルースインペディメントを 取り除ける?

Referee コース上やコース外の どこでもルースインペ ディメントを取り除く ことができる。

Q バンカーに入るとき 転びそうになり、 クラブが砂に触れたら?

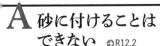 **砂に付けることは
できない** ⟳R12.2

 2罰打

その目的に関係なく、球の直前、直後の砂にクラブで
触れることは禁止されている。違反は2罰打。

 **バックスイングでも
砂に触れれば違反** ⟳R12.2

 2罰打

バックスイングの際でもクラブヘッドが砂に触れてし
まった場合は違反となり、2罰打。

 **バンカー内でも
取り除いていい** ⟳R12.2

 罰なし

落ち葉、枝、石などのルースインペディメントを取り
除くことは認められています。

 **砂の状態をテストする目的や改善
がなければ罰はない** ⟳R12.2

 罰なし

砂の状態をテストする目的ではなく、またプレーに影
響する状態を改善していなければ罰はなし。

Q 使わないクラブを バンカー内に 置いてもいい?

Q レーキを バンカー内に 持ち込める?

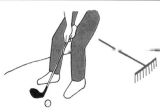

Q レーキをどけて 球が動いたら?

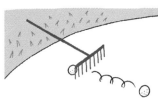

Q バンカーから プレーした球がOB! 打ち直す前に 砂をならせる?

OB

プレーに影響しなければ
違反ではない ⮕R12.2b

 罰なし

使用しないクラブをプレーに影響しない場所に置くことは認められます。

 ## 砂の上に置いていい ⮕R12.2b

 罰なし

バンカーの中に、バンカーレーキなどの用具を置いても罰はありません。ただし、レーキを置くことで、砂の状態をテストしたなら2罰打です。

 ## 球をリプレース ⮕R15.2a

 罰なし

バンカーレーキは動かせる障害物として、コース上のどこでも取り除くことができます。そのときに球が動いた場合、罰はなく、動いた球は元の場所にリプレースしてプレーを続けます。

打ち直しの前に
砂をならすことができる ⮕R12.2

罰なし

バンカー内での禁止事項は、球がプレーされてバンカーの外にある場合には適用されません。

Referee

一旦、球をバンカーから出した後は、ストロークと距離の罰のもと球をドロップする前にきれいに砂をならせる。

Q バンカー脱出後 砂に触れて スイングチェックしていい?

Q バンカーから脱出に失敗し つい砂をならしてしまったら ペナルティー?

Q こんな難しい バンカーショットは したくないと思ったら?

Referee 日本では馴染みが薄いが、壁がほぼ垂直といったポットバンカーは英国のリンクスコースではよくある。バンカーから無理してプレーするよりもアンプレヤブルの処置を選択した方がいい場合がある。

ホールと球を結ぶ後方線上にドロップし、その球が最初に地面に触れた線上の箇所から1クラブレングス以内が救済エリアとなる

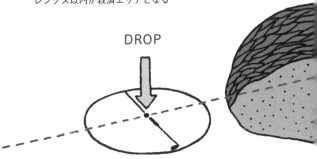

DROP

A 球がバンカーから出たので 大丈夫 ●R12.2b(3)

罰なし

球がバンカーから出た後は、バンカーの砂に触れたり、砂をならすことへの制限がなくなる。砂を打ってスイングチェックしても罰はありません。

A "改善"すれば2罰打 ●R12.2b

罰なし

2罰打

砂をならしても罰はないが、ストロークに影響を与える状況を改善したり、スタンスの場所を改善した場合は2罰打。

A 2罰打のアンプレヤブル宣言で バンカーの外にドロップ ●R19.3

1罰打

2罰打

2罰打を加算すれば、バンカー外後方でもアンプレヤブルによる救済が受けられます。バンカー内でアンプレヤブルを受けた場合の救済は1罰打。 ●p.44参照

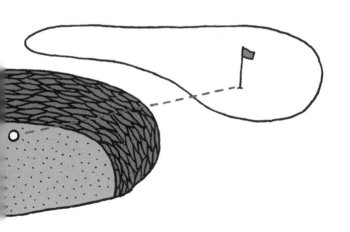

Putting Green
パッティンググリーン

Q グリーン上の球を
拾い上げる際、
球の横に
マークしてもいい?

Q パッティンググリーン上の球とは?

Q グリーン上の砂や
バラバラの土は
取り除いていい?

Q スパイクマークや
傷跡は修理していい?

プレーヤー自身がつけた
スパイクマークも修理し
ていい。

Referee

パッティンググリーンは
球をパットしてホールに入れる場所で、
他のエリアと違う特別な規則がたくさんあります。

 ## 球のすぐ近くなら
横や前にもマークできる ●R14.1

パッティンググリーン上の球を拾い上げるときは、球のすぐ近くにマークしているかぎり、球の前や横にボールマーカーを置いても構わない。

 ## パッティンググリーンに
触れている球 ●R13.1

球の一部がパッティンググリーンに触れているなら、パッティンググリーン上の球です。

 ## パッティンググリーンの特例として
取り除ける ●R13.1

パッティンググリーン上のものに限って取り除くことができます。砂とバラバラの土はルースインペディメントではないので、パッティンググリーン以外の場所でストロークに影響する場所にあるものは取り除けません。

 ## 人や動物がつけた傷は
修理することができる ●R13.1

例えば、ボールマーク、スパイクマーク、人が引っかいた傷、動物の足跡など、パッティンググリーン上の人や動物などによる損傷は、その種類に関係なく修理することができます。

Q グリーン上の凸凹は
修理することができる?

Q グリーン上の球を
動かしてしまった!
罰がある?

Q マークして拾い上げる前に
球が自然に動いた場合は?

Q マークして
拾い上げた後に
リプレースした
球が風で
動いたら?

自然な表面の凸凹は
修理不可 ●R13.1

損傷しているのではなく、元々自然にある凸凹を修理することはできません。ストロークに影響する場所を改善したことになれば2罰打。

 ## 偶然なら動かしても
罰はない ●R13.1 / R14.1

パッティンググリーン上の球を偶然に動かしてしまった場合は、罰なしにその球を元の箇所にリプレースしなければなりません。球をマークせずに拾い上げた場合は1罰打を加え、リプレースします。

 ## 止まったところから
罰なしにプレー ●R9.3 / R13.1

拾い上げる前の球が自然に動いた場合、その球が止まった新しい位置から罰なしにプレーします。

 ## 原因に関係なく
罰なしにリプレース ●R9.3 / R13.1

パッティンググリーン上にリプレースした球が動いた場合、その原因に関係なく元の位置にその球をリプレースします。

Q グリーン面のテストとして罰が付くのはどんなこと?

Referee プレーし終えたばかりのグリーンなら、テストも例外的に認められている。

Q グリーン面に手をついたらテストとみなされる?

Q マークするときティーを刺したらテストになる?

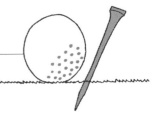

グリーンの上で修理OK

| ホールの埋め跡 | ボール | 動物の足跡 | 埋まっ |
| 芝の張り替え跡 | マーク | 引っかき傷 | 小石 |

A 故意に球を転がしたり グリーン面をこすると ペナルティー ◉R13.1

2罰打

パッティンググリーン面をテストするために故意に球を転がすこと、または表面をこすることは規則違反。違反は2罰打です。

A 手をついただけなら大丈夫 ◉R13.1

罰なし

パッティンググリーン面に手をついたり、置いただけでは「こすっている」ことにはならないので、テストしたとはみなされない。

A ティーを刺して マークしてもいい ◉R13.1

罰なし

パッティンググリーン上の球をマークするためにティーを刺しても、グリーン面のテストをしたことにはならない。マークする際に使える用具としてティーは認められている。

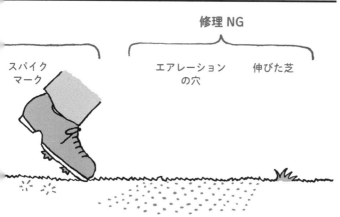

修理 NG

スパイク
マーク

エアレーション
の穴

伸びた芝

Q ホールにせり出した球を
入るかどうか
待つことはできる?

Q ホールにせり出した球が
しばらくしてからホールに入ったら?

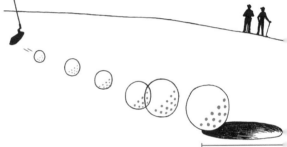

108mm

Q 移動したマーカーを
元に戻さず、
球を置いてストロークしたら?

Q 球やスタンスが
目的外グリーンにかかる場合は
救済を受けなくてもいい?

**止まったかどうか確認するため
10秒間待つことができる** ➡R13.3

球がホールにせり出した状態の場合、その球が止まっているか
どうかを確認するために、ホールに歩み寄る時間に加え10秒
間待つことができる。その時間を過ぎてもホールに入らないと
きは、その球は止まったことになります。

 **10秒以内なら罰なしに
ホールアウト。10秒を超えたら
1罰打でホールアウト** ➡R13.3

ホールにせり出した球が止まっているかどうかを確認
するために10秒間待っている内に、球がホールに入
れば直前のストロークの結果、ホールに入っ
たことになります。10秒を過ぎてから球が
ホールに入った場合は、ホールアウトは認め
られるが、1罰打。

10秒待つ

> ホールに入るまで10秒以内……前打で入った
> ホールに入るまで10秒超………1罰打加える

 **2罰打で、
そのままプレーを続ける** ➡R14.7

他のプレーヤーの邪魔になるボールマーカーを、パタ
ーヘッド1つほど動かすことはよくあること。このと
き、ボールマーカーを元に戻さずにその箇所からプレ
ーした場合、誤所からのプレーとなり、2罰打でその
ままプレーを続けなければならない。

 必ず救済を受けること ➡R13.1

球やスタンスがかかっている場合は障害が生じること
になり、罰なしに救済を受けなければなりません。そ
のまま打つと2罰打。

The Flagstick
旗竿

Q グリーン外からの プレーで旗竿を抜いて プレー可能?

Referee 外から打つときは旗竿 を立てなければいけな いと思い込んでいる人 は多い。

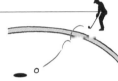

Q ホールに 立てたままの旗竿に 球が当たったら?

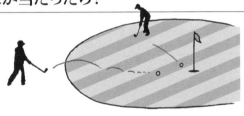

Q 旗竿に球が寄りかかって 止まったら?

Referee サッカーのゴールは "球が全部ゴール内" だが。

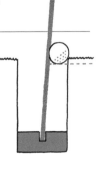

旗竿はホールに立てたままプレーすることができます。
また、取り除いてプレーしたり、
人を付き添わせることもできます。

 ## どこからのプレーでも
旗竿は抜くことができる　◑R13.2

球がどこにあるかにかかわらず、旗竿についてのプレーヤーの
選択肢は3つです。
○旗竿をホールに立てたままにする。
○旗竿をホールから取り除く。
○旗竿に人を付き添わせる。

球が止まった位置からプレー。
カップに入ればホールアウト　◑R13.2

球がホールに立てたままの旗竿に当たっても罰はなく、
球が止まったところからプレーします。球がホールに
入ればホールアウト。

旗竿を立てたままで
プレーすることは、
スピードアップにつ
ながる。

球の一部でも、
パッティンググリーン面より
下ならホールアウト　◑R13.2

球が旗竿に寄りかかっている状態で球の一部がパッティンググ
リーン面より下にある場合、プレーヤーはホールアウトしたこ
とになります。そうでない場合は球をホールのへりにリプレー
スしなければなりません。

Q 球が動いている間に
旗竿をホールから
抜いたら?

抜きますね

Q 球がホールに入りそうなのに
付き添った人が
旗竿を抜かなかったら?

NG

Q パッティンググリーンに
置いた旗竿に球が当たりそう。
動かしてもいい?

Q 旗竿を持ったまま「お先に!」は
認められる?

旗竿を抜いたプレーヤーに 2罰打 ➡R13.2

2罰打

旗竿をホールに立てたままプレーした場合、球の動きに影響する旗竿を取り除くことはできません。取り除いてしまったら、取り除いたプレーヤーに2罰打が付きます。 ➡p.110参照

 # 旗竿を当てたのが 故意なら2罰打 ➡R13.2 / R11.2

2罰打

人が旗竿に付き添っている場合は、球が旗竿に当たりそうなときに、故意にその旗竿を抜かず、その結果、球が旗竿に当たった場合、旗竿に付き添っているプレーヤーは2罰打。パッティンググリーン上からプレーした球は再プレーしなくてはいけません。

 # 罰なしに動かせる ➡R11.3

罰なし

プレーする前に抜いてパッティンググリーン上に置いた旗竿に球が当たりそうになった場合は、罰なしに取り除くことができます。偶然、球が当たっても罰なし。

 # 罰なしでホールアウト ➡R4.3 / R13.2

罰なし

2罰打

旗竿を抜いて左手に持ち、右手にパター。このストロークは一見規則違反のようだが、実は罰なし。ただし持った旗竿に寄りかかり、体を安定させてしまうと2罰打です。

Lifting and Replacing

球の拾い上げと
リプレース

Q プレーヤー以外の人が 球を拾い上げてもいい?

Q 球を拾い上げる場合、 必ず球をマークすべき?

Referee
自分の球かの確認のため
に拾い上げる際は必要以
上に泥などをふいてはい
けない。

Q ボールマーカーの 形や大きさに決まりはある?

Referee
クラブでもマークできると
規則書に明記。

「インプレーの球」とは?

Did you know?

球の拾い上げが認められる場合、
またはリプレースする場合についてのルールです。
リプレースとは球をインプレーにする
意図を持って手で置き直すことです。

A プレーヤーが認めた人なら 拾い上げられる ○R14.1

プレーヤーか、プレーヤーの認めた人が球を拾い上げることができます。パッティンググリーン上の球に限ってはプレーヤーのキャディーはプレーヤーの許可なしに球をマークして拾い上げることができます。

A リプレースを要する球は マークが必要 ○R14.1

球の位置をマークしないと1罰打が付くのは、元の位置にリプレースをしなければならない規則に基づいて拾い上げる場合だけ。例えば、止まっている球を自分の球かどうか確認のために拾い上げる場合、パッティンググリーン上の球を拾い上げる場合など。救済を受けてドロップやプレースするときは、元の位置をマークしなくても罰はありません。

A プレーの妨げにならなければOK

定義

形や大きさの規定はありませんが、人工の物を使用します。ボールマーカーは球の位置を正確に示すことができる形状、大きさの物で、他のプレーヤーのプレーを妨げず、パッティンググリーン面を傷つけないものを使いましょう。

プレーヤーがティーイングエリアから球にストロークしたときにその球は「インプレー」となる。ティーイングエリアでの素振りで球を動かしても罰がないのは、素振りはストロークではなく、その球がまだ「インプレーの球」となっていないからだ。

Q 拾い上げた球を リプレースできる人は?

Referee

> パッティンググリーン上の球をリプレースする
> 箇所に小さな凹みがある場合、修理してもいい
> 損傷は修理してから球をリプレースしていい。

Q 間違った人が リプレースした場合は?

Referee

> プレーヤーが拾い上げた球をキャディーが
> リプレースするのは違反なので、再びプレ
> ーヤーがリプレースし直す……というのが
> 「訂正」の意味。

Q リプレースする 場所が わからない 場合は?

THAT'S
MY BALL!!

場所を「推定」 するのはどんなとき?

Did you know?

A プレーヤーが拾い上げた球は プレーヤーがリプレース ●R14.2

プレーヤーか、その球を拾い上げた人がリプレースします。例えば、プレーヤーが拾い上げた球はそのプレーヤーだけがリプレースできます。規則に基づいてキャディーが拾い上げた球は、そのキャディーか、その球の持ち主であるプレーヤーだけがリプレースすることができます。

A ストローク前に 訂正しないと1罰打 ●R14.2

間違った人がリプレースした場合、ストロークする前であれば罰なしに訂正することができます。訂正せずにプレーした場合は1罰打です。

A 元の場所を推定して リプレース ●R14.2

例えば、カラスに球を持っていかれたことがわかっているのに、球が止まっていた元の箇所がわからない場合、元の箇所を推定してリプレースします。

プレーヤーは、完全な救済のニヤレストポイントが木の幹の中となって物理的にその基点を決められなかったり、球が最後にペナルティーエリアを横切った地点がはっきりわからない場合に、その基点を「推定」します。上の質問のように、リプレースする元の箇所がわからない場合も「推定」することになります。

Dropping Ball in Relief Area

球を救済エリアにドロップする

Q ドロップの方法は?

Q 間違った方法でドロップした場合は?

Referee 2018年までの肩の高さからのドロップをしてやり直す事例がトーナメントでも起こった。

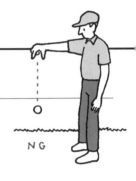

NG

Q 救済処置でドロップする、その場所は?

Q ドロップした球が救済エリア(または線上)の中に落ちなかった場合は?

ドロップがなぜ膝の高さに?

Did you know?

ドロップする球は各救済規則で
特定されている救済エリア（または線上）に落とし、
そのエリアの中に止まれば救済完了です。

球は膝の高さから真っすぐ落とす ⊙R14.3

球を手に持って、膝の高さから球が真っすぐ落ちるように、落とします。

ストロークする前に訂正 ⊙R14.3／R14.5

間違った方法でドロップしても、ストローク前であれば罰なしに訂正することができます。訂正せずに球をプレーした場合、球が止まっていたところが救済エリア内であれば1罰打。球の止まっていたところが規則で救済エリア外であった場合は誤所からプレーしたことになり2罰打を受けます。

救済エリア（または線上） ⊙R14.3

定義

救済処置にはすべて「救済エリア」があります（☞ p.40参照）。ドロップした球はその救済エリア（または線上）に落ちなければならず、またその救済エリアの中に止まらなければいけません。

罰なしにドロップをやり直す ⊙R14.3

ドロップした球は救済エリア（または線上）に落とす。救済エリア（または線上）に落ちない場合は、何度でもドロップをやり直します。

ドロップは「頭越しに後方へ」から始まり「肩越しに後方へ」となった。そして1984年からは「手を伸ばして肩の高さ」に変わり、2019年「膝の高さ」に変更された。肩より膝の高さからドロップした方が球の転がりが少なく、1回のドロップで救済エリアに止まる確率が上がった。

Q ドロップした球が救済エリアの外に止まったときは?

Q 再ドロップでも球が救済エリアの外に出てしまった場合は?

Q ドロップした球が地面に落ちる前に自分の体に当たったら?

Q ドロップした球が救済エリア内(または線上)に落ちた後に自分の体に当たったら?

Referee 膝の高さからドロップした球が救済エリア(または線上)に落ちて、その救済エリアにとどまれば正しくインプレーとなる。

罰なしに再ドロップ ➜R14.3

ドロップした球が救済エリアの中に落ちたが、その後、救済エリアの外に出て止まった場合は、罰なしに再ドロップします。

 ## 球が落ちた場所にプレース ➜R14.3

再ドロップした球がコース上に落ちた箇所にプレースをします。プレースしても球が止まらない場合、再度プレースし、それでも止まらない場合は、ホールに近づかない球が止まる最も近い箇所にプレースします。

 ## 自分自身や用具に当たったら
再ドロップ ➜R14.3

ドロップした球が地面に落ちる前に偶然に自分自身や用具に当たっても罰はなく、ドロップをやり直さなければなりません。

 ## 落ちた後、
球が体や用具に当たっても
救済エリア内に止まれば
そのままプレー ➜R14.3

ドロップした球が救済エリア内（または線上）に落ちた後に偶然に自分自身や用具に当たった場合、その球がその救済エリア内に止まっていれば、罰なしにその球をプレー。救済エリアの外に止まった場合は、罰なしに再ドロップします。

Q ドロップした球を故意に止めたら?

救済エリア

Q 救済エリアはどうやって決める?

Q 救済エリアの範囲を決めるクラブはどれ?

Q 救済エリアを決めるときクラブを地面に置くべき?

Q ラフにある球をグリーンにドロップできる?

Referee

ドロップするときは、元の球か別の球を使うことができる。

A 故意に止めたら2罰打 ○R14.3

ドロップした球を故意に止めた場合は2罰打となります。例外的にドロップした球が救済エリアの中で止まる可能性がないときは、球を故意に止めても罰はありません。

A 1クラブまたは
2クラブレングスの範囲

救済処置によって異なりますが、1クラブレングス、2クラブレングスの範囲内で規則が定める範囲となります。各救済処置の救済エリアについてはp.40参照。

A パター以外で最も長いクラブ

救済エリアを決めるためのクラブレングス（クラブの長さ）は、そのプレーヤーが持ち運んでいるクラブの中でパター以外の最も長いクラブとなります。通常のプレーヤーにとってはドライバーです。

A クラブを置いてもいいし、
自分で推定して決めてもいい

救済エリアの範囲を決めるときに、クラブを実際に地面に置かないと罰が科せられるわけではありません。クラブを置かずに推定して救済エリアを決めることもできます。

A ペナルティーエリアからの救済や
アンプレヤブルなら可能 ○R14.3

罰なしの救済では同じコースエリアにドロップしなければならないが（違反は2罰打）、ペナルティーエリアからの救済やアンプレヤブルの場合は、別のコースエリアにもドロップできます。

Movable 動かせる障害物
Obstructions

Q 球がタオルの上に 止まったときは?

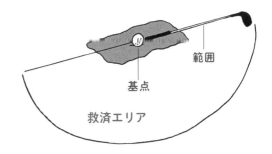

範囲

基点

救済エリア

Q 球がバンカーレーキに 寄りかかって止まったら?

Q コース管理の軽トラックの下に 球が止まった場合は?

簡単に動かせる人工物が、動かせる障害物。
例えば、タオル、空き缶、バンカーレーキなどです。
コース上や外のどこでも取り除くことができ、
球が上にのった場合、罰なしに救済を受けられます。

球を拾い上げて 救済エリアにドロップ ➡R15.2

罰なし

球が動かせる障害物の上に止まった場合は、罰なしに、
球を拾い上げてその障害物（タオル）を取り除き、球
がその障害物（タオル）の上に止まっていた場所の真
下と推定する地点から1クラブレングスの救済エリア
に球をドロップします。パッティンググリーン上の場
合は真下と推定する箇所にプレース。

> 救済エリアの範囲は、基点と同じコースエリア
> （基点がジェネラルエリアなら、救済エリアも
> ジェネラルエリア）で、基点よりホールに近づ
> かない1クラブレングスの範囲。

Referee

レーキをどける。 球が動いても罰はない ➡R15.2

罰なし

バンカーレーキを取り除いていい。動かせる障害物を
取り除いた結果、球が動いても罰はなく、その球は元
の位置にリプレースします。

運転者がいれば 動かせる障害物として扱う ➡R15.2

罰なし

定義

運転者が乗っていればそのトラックは「合理的な努力
で動かせる」ので、動かせる障害物。トラックを動か
してもらい、道路上に球があるなら、救済を罰なしに
受けることができます。トラックの上に球が止まった
ときも同じ。トラックが放置されているときは、動か
せない障害物となります。 ➡p.40参照

Loose Impediments　ルースインペディメント

Q ルースインペディメントとは どんなもの?

Referee

> 砂やバラバラの土はルースインペディメント ではない。グリーンでは特例として取り除い ていいとなっている。

Q ルースインペディメントは いつでも 取り除くことができる?

Q 球の確認のため木の葉に乗った 球を拾い上げた。 リプレースの際、 木の葉を取り除ける?

Q ルースインペディメントを 取り除く際に球が動いたら?

ルースインペディメントを取り除いたら球が動きそう なときは、そのまま打ったほうがいい。

ルースインペディメントは
コース上や外のどこであっても
罰なしに取り除くことができます。

A 落ち葉や石、動物の死骸、昆虫など ➡R15.1

落ち葉、落ちている枝、石などの分離している自然物
のこと。また動物の死骸やミミズ、昆虫も含まれます。
まだ根付いている草木や、地面に固くくい込んでいる
ものはルースインペディメントではありません。

A 球の動きに影響しなければOK ➡R15.1

球がどこにあったとしてもルースインペディメントは
罰なしに取り除くことができます。ただし、球が動い
ているときに、その球の動きに影響するルースインペ
ディメントは取り除くことができません。

A 取り除いてプレーしたら1罰打 ➡R15.1

その木の葉を取り除いてリプレースすることはできま
せん。球を拾い上げる前に、動かしたら、おそらくそ
の球を動かす原因となると思われるルースインペディ
メントは、取り除いてはならないと決められています。

A グリーン以外は1罰打でリプレース ➡R15.1b

1罰打を加え、その球をリプレースします。ただし、
パッティンググリーン上に止まっている球を動かして
しまった場合、罰はありません。

Another 他のプレーヤーの球
Player's Ball

Q 他のプレーヤーの球が
自分のプレーの
邪魔になるときは?

Q 自分の球が
他のプレーヤーのプレーの
邪魔になるときは?

Q 他のプレーヤーの球が
邪魔になるとき、
球の拾い上げを要求せず、
打順を変えてプレーできる?

Referee
右後方の球を先に打つとクラブが
当たりかねないので、左前方の球
を先に打ってもらう話だが(右イ
ラスト)、もちろん左前方の球を
マークしてもらうことも可能。

他のプレーヤーの球が近くに止まっていて
プレーするときに邪魔になる場合、
罰なしにその球を
拾い上げてもらうことができます。

球を拾い上げてもらうことができる ●R15.3

自分のプレーの障害になる他のプレーヤーの球は、拾い上げる
ことを要求できます。球の拾い上げを要求されたプレーヤーは
その球をマークして拾い上げなければなりません。拾い上げた
球はパッティンググリーン上以外の球であればふくことができ
ません。

A 要求されなければ 拾い上げることはできない ●R15.3

罰
なし

1
罰打

パッティンググリーン上の球を除き、他のプレーヤー
に拾い上げを要求された場合にのみ、球を拾い上げる
ことができます。自分で他のプレーヤーの障害になる
と思っても、要求もないのに拾い上げた場合は1罰打
です。

A 打順を変えてプレーしていい ●R15.3

ストロークプレーの場合に限り、球の拾い上げを要求せずに打
順を変えてプレーすることができます。

Abnormal Course
Conditions 異常な
コース状態

Q 救済を受けられる
異常なコース状態とは
どんなもの?

Q スタンスが
道路にかかったら
救済を受けられる?

Q スタンスが道路にかかったとき
救済を受ける方法は?

修理地、一時的な水（水たまり）、動物の穴、
動かせない障害物などの異常なコース状態が
プレーの障害となる場合、罰なし（一部では罰あり）の
救済を受けることができます。

A 修理地や動物の掘った 穴などに止まった球は 救済が受けられる →R16.1

定義

修理地、一時的にたまった水（水たまり）、動物の穴
などです。動かせない障害物もこれに含まれます。

A 球が道路上になくても 救済が受けられる →R16.1

球が異常なコース状態に止まっている、触れている場合だけで
なく、そのままプレーしようとしたとき、次のような場合も障
害があることになります。
○スタンスが道路にかかる。
○道路が意図するスイング区域の障害となる。

A 救済エリアの中に 罰なしでドロップ →R16.1

罰
なし

完全な救済のニヤレストポイント（次のQ&Aを参照）
を基点にして1クラブレングス以内でホールに近づか
ず、その障害が避けられる範囲がそのプレーヤーの
「救済エリア」となります。プレーヤーはこの救済エ
リアに球をドロップし、球はその救済エリアの中に止
まらなければなりません。 →p.40参照

Referee

カート道路の真ん中に球が止まったら、どちら側に
ドロップすればいいか、も悩みどころ。球からニヤ
レストポイントの距離が短い側が正解で、右打ちの
人の場合、スタンスをとる関係上、カート道路の左
側にドロップとなることが多い。

Q 「完全な救済のニヤレストポイント」とはどんな意味?

Referee

まれに2つの等距離の
ニヤレストポイントが
ある場合は、好きな方
を選べる。

Q バンカー内の水たまりに球が入ってしまったら?

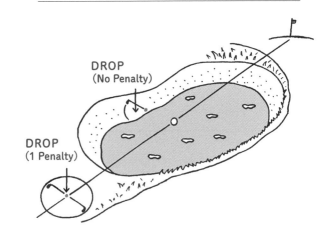

DROP
(No Penalty)

DROP
(1 Penalty)

枯葉が山になっていても
修理地とは限らない

Did you know?

A 球やスタンスやスイングから 障害がなくなる 地点のこと ⟳R16.1

止まっている球をストロークしようとした場合の "ストロークの格好"（スタンスやスイング区域）に対して障害がなくなり、ホールに近づかない、球が止まっていたところから最も近い地点を決めます。これが「完全な救済のニヤレストポイント」です。

A バンカー内なら罰なし 外に出すなら 1罰打で救済を受けられる ⟳R16.1

バンカー内の球については2つの選択肢があります。
○罰なしの救済……完全な救済のニヤレストポイントを決定し、1クラブレングス以内でホールに近づかず、障害が避けられるそのバンカー内にドロップ。
バンカー全体が水浸しで完全な救済のニヤレストポイントがない場合、そのバンカー内の最大限の救済を受けることができるポイントを基点とし、1クラブレングス以内でホールに近づかず、障害がより小さいそのバンカー内にドロップ。
○1罰打の救済……球とホールを結ぶ線上でそのバンカーの外の延長線上に球をドロップします（後方に下がるのであれば距離に制限はなし）。その線上にドロップした地点から1クラブレングスの救済エリアに球は止まらなくてはなりません。

修理地が杭や線で定められていれば明確だが、ただ枯葉が山になっていただけでは修理地とは限らない。木の葉や刈った芝などが修理地となるのは「後で移すために積まれた」場合だけだ。

Embedded Ball
地面にくい込んだ球

地面にくい込んだ球

Q 「球が地面にくい込んでいる」とはどんな場合?

Q 地面にくい込んだ球はペナルティーエリア内でも救済を受けられる?

Q 地面にくい込んだ球の救済方法は?

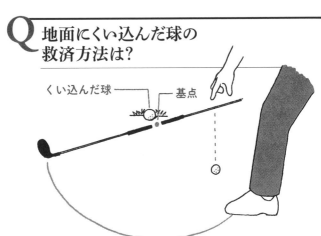

くい込んだ球 ── ── 基点

球が地面にくい込んだ場合は
罰なしに救済を受けることができます。

少しでも地表面以下にあれば くい込んだ球 ➡R16.3

球の一部が地表面より下にある
場合"くい込んだ球"。球が土
に触れているかどうかは関係あ
りません。

イラストの右の
球は地面にくい
込んでいない。

Referee

救済を受けられるのは 球がジェネラルエリアに あるときだけ ➡R16.3／R17.3

球がペナルティーエリア内にあるときは「地面にくい込んだ
球」として救済を受けることはできません。

救済エリア内に 罰なしでドロップ ➡R16.3

罰なし

球の直後に基点を決め、基点から1クラブレングス以
内の範囲で、ホールに近づかない、ジェネラルエリア
内にドロップ。救済を受けても罰はありません。

「くい込んだ球の直後を基点」
とするので、ドロップした球が
自らのピッチマークに入った
ら、救済エリア外に球が止まっ
たこととなる。

Referee

Penalty Areas
ペナルティーエリア

Q ペナルティーエリアとは、
どんなところ?

Q ペナルティーエリアに球が入ったが
見つからないときは?

Referee

「事実上確実」とは、球が実際にペナルティー
エリアに入ったのは見えなかったが、飛球線や
コースの状況からして95%以上の可能性で入っ
たことを意味している。

Q ペナルティーエリアの中の球を
そのままプレーできる?

Q アンプレヤブルや
地面にくい込んだ球の救済は
ペナルティーエリアで受けられる?

ペナルティーエリアはその中に球がある場合、
1罰打での救済が認められるエリア。
イエローペナルティーエリアと
レッドペナルティーエリアがあります。

コース上の池や川、または赤や 黄色の杭などで囲まれた林の一帯 ●R17.1

球の一部でもペナルティーエリアの中にあればその球はペナル
ティーエリアの中の球となります。

入ったのが確実なら 1罰打で救済を受けられる ●R17.1

球がペナテルィーエリアの中にあることがわかってい
るか、事実上確実だという強い証拠があれば、その証
拠に基づいて救済の基点を推定します。球がペナルテ
ィーエリアの中にあることの事実上確実な証拠がなく、
3分以内に球を見つけることができない場合は、紛
失球として処置をしなければなりません。

罰なしにプレー。 クラブをソールしてもOK ●R17.1

罰なしにプレーすることができます。その場合ペナル
ティーエリア内の地面にクラブなどで触れてもいい
（ソールしてもいい）し、ルースインペディメントを
取り除くこともできます。

受けられない ●R17.3

ペナルティーエリアでは次の救済処置を受けることはできない。
○異常なコース状態による障害からの救済
○地面にくい込んでいる球の救済
○アンプレヤブルの救済

Q イエローペナルティーエリアに球が入ったらどうする?

ペナルティーエリアから打ち、一度も他のエリアに届かず、再びペナルティーエリアに球が止まったら?
→p.29参照

Referee

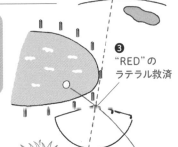

❸ "RED"のラテラル救済

Q レッドペナルティーエリアに球が入ったらどうする?

❷ "RED" "YELLOW"の後方線上救済

❶ "RED" "YELLOW"のストロークと距離の救済

Referee

レッドペナルティーエリア内からあるがままに打ち、脱出に失敗した場合は4つの救済の選択肢がある →R.17.2
❶ストロークと距離の救済
❷ペナルティーエリアを最後に横切った地点を使い後方線上の救済
❸ラテラル救済
❹ペナルティーエリアの外で直前にストロークを行った場所からプレーする →R14.6参照

Q ペナルティーエリアの杭が邪魔なときは抜いてもいい?

A そのまま打つか
1罰打で救済を受けるか ➡R17.1

罰なし

1罰打

そのままプレーするか、1罰打で救済を受けるか。
1罰打の救済には次の2つの選択肢があります。
❶直前のプレー地点に戻る（ストロークと距離の処置）
❷球がそのペナルティーエリアの縁を最後に横切った
地点とホールを結ぶ線上でそのペナルティーエリアの
外（後方の距離に制限なし）にドロップすることがで
きる。ドロップしたときにその球が最初に地面に触れ
た線上の箇所から1クラブレングスの範囲が救済エリ
アとなります。（後方線上の救済）。➡詳細はp.26〜29

A レッドペナルティーエリアには
3つの救済の選択肢がある ➡R17.1

罰なし

1罰打

そのままプレーするか、1罰打で救済を受けるかを選
びます。1罰打の救済には次の3つの選択肢があります。
上記、イエローペナルティーエリアの救済❶と❷に加
え❸を選択できます。
❸元の球がそのレッドペナルティーエリアの縁を最後
に横切ったと推定した地点を基点とし、その基点から
2クラブレングスの範囲の救済エリアにドロップ。救
済エリアは基点よりホールに近づかず、同じペナルテ
ィーエリアでなければコース上のどこでも良い（ラテ
ラル救済）　➡詳細はp.26〜29

A 簡単に抜けるならOK ➡R15.2

ペナルティーエリアを標示する杭は障害物なので、抜いていい。
プレーした後は元の位置に戻すこと。

Ball Lost, OB
球が紛失、アウトオブバウンズ

Q 球は何分間、
捜せる？

Q 球は見つかったが、
自分の球かどうか
ハッキリしないときは？

Q OBの球かどうかの
判断基準は？

Q 球が紛失、または
OBとなった場合
どうすればいい？

OB

OBではない

OBの球

球が紛失球となったり、
アウトオブバウンズ（OB）となった場合は、
1罰打を加え、直前のストロークをしたところから
プレーをしなければなりません。

3分間捜して 見つからなければ紛失球 ○R18.2

球を捜し始めてから3分以内に球を見つけることができなければ、その球は紛失球となります。

確認できなければ紛失球となる ○R7.2/R18.2

その球がプレーヤーの球であることを識別できるマークやブランド、番号が確認できるか、その球がプレーヤーがストロークした球であることを誰かが見ていて確認していたのでなければ、紛失球となります。

球がすべて OB区域にあるかどうか ○R18.2

球全体がコース外、つまりOBの区域にある場合、その球はOBとなります。

打ったところに戻って 1罰打で 救済エリアにドロップ ○R18.2

1罰打を加え、直前のストロークをしたところを基点にして1クラブレングス以内で、ホールに近づかない、基点と同じコースエリアにドロップします。直前にストロークしたのがティーイングエリアなら、ティーイングエリア内にティーアップ。直前のストロークをした場所がパッティンググリーン上の場合はプレースします。

Provisional Ball
暫定球

Q 暫定球は
どんなとき、
どうやって
打つ?

○ 暫定球打ちます
× もう1球打ちます

Q 暫定球であることを
明確に告げずに
別の球を打って
しまったら?

Q 暫定球をプレーした後で、
元の球がコース上で
見つかったら?

Q ペナルティーエリアで初めの球が
見つかっても暫定球を選択できる?

ペナルティーエリアに入ったと思っただけでは暫定球
は打てない。ペナルティーエリアの外で紛失、または
OBの可能性がある場合、暫定球を打てる。

紛失球、またはOBであった場合の
打ち直しの処置をあらかじめ
プレーしておくのが暫定球です。

A 紛失球またはOBの可能性が あるとき、宣言して打つ ⊃R18.3

プレーした球がペナルティーエリア外で紛失するか
もしれない、またはOBかもしれないと思った場合は、
マーカーや他のプレーヤーに「暫定球をプレーしま
す」と伝えて別の球をプレーすることができます。こ
のときその別の球が暫定球であることを明確に伝える
必要があります。

A 元の球は紛失球となる ⊃R18.3

元の球は紛失球となり、その別の球が1罰打でインプ
レーの球となります。例えば、1打目をプレーした後、
暫定球であることを告げずに別の球を打ち直した場合
は、その別の球が3打目としてインプレーになります。

A 暫定球でプレーできなくなる ⊃R18.3

元の球が見つかったその時点で暫定球の役割は終わります。し
たがって、プレーヤーは元の球でプレーを続けなければなりま
せん。もしその元の球がブッシュなど打てないところで見つか
ったとしても暫定球の方を選択することはできません。

A 暫定球でのプレー不可 ⊃R18.3

元の球がペナルティーエリアの中で見つかった、または入った
のが事実上確実な場合、暫定球でプレーを続けることはできな
い。ペナルティーエリアの球をそのまま打つか、救済を受けて
プレーします。もし暫定球をプレーしたら、誤球になります。

Q 暫定球が インプレーの球 となるのはいつ?

インプレー
5打目

暫定球
仮の4打目

Q 暫定球を 続けてプレー していける?

紛失

暫定球
仮の3打目

「暫定球を打ちます!」
その言葉が必要なのはなぜ?

Did you know?

A 元の球が紛失球、またはOBで あるとわかったとき、あるいは 元の球があると推定する 場所よりホールに近い箇所から 暫定球をプレーした場合 ◉R18.3

元の球がペナルティーエリア以外のコース上で紛失球となったか、OBであることがわかった時点、あるいは元の球があると推定する場所よりホールに近い箇所から暫定球をプレーした場合、暫定球が1罰打のもとにインプレーの球となる。

A 元の球があると推定する場所よりも ホールから遠い箇所、または等距離 からプレーする限りは、暫定球の 状態のままプレーできる ◉R18.3

暫定球をプレーした後、元の球があると思われる場所よりホールに近づかないところであれば、その暫定球を、暫定球としてプレーしていくことができます。元の球があると思われる場所よりホールに近い箇所にある暫定球をプレーした場合は、1罰打をつけて、暫定球がインプレーとなる。

Referee 左のイラストでグリーンに向けて球を打った瞬間、暫定球がインプレーに。仮にその直後、想定していたよりホールに近いジェネラルエリアで球が見つかったとしても、もはやそれは紛失球（誤球）。そちらでプレーしたいと思うのが人情だが、打てば2罰打で今やインプレーになっている暫定球でホールアウトしなければならない。

暫定的な球をプレーする意思がある場合は、宣言することでその意思を明確に示さなければなりません。なぜなら、プレーヤーはストロークと距離に基づく救済はいつでも認められており、その救済のための打ち直しではないことを示す必要があるからです。

Unplayable Ball
アンプレヤブルの球

Q ジェネラルエリアや パッティンググリーンでの アンプレヤブルの救済処置は?

➲p.44参照

Q アンプレヤブルで ストロークと距離の救済を 受けるには?

Q アンプレヤブルで 後方線上の救済を 受けるときはどうすればいい?

ペナルティーエリアの外で、球が木の上に
止まってしまったり、ブッシュの中に入ってしまい、
その場所から打ちたくない場合があります。
その場合は1罰打での救済処置があります。

A 1罰打で3通りの救済方法がある ➡R19.2

➡R19.2

❶ストロークと距離の救済
❷後方線上の救済
❸ラテラル救済

A 球がペナルティーエリア外のコース上にある場合はいつでも受けられる。 ➡R19.2

ストロークと距離の救済を受ける場合は下記の救済エリアから1罰打でプレー。
○基点……直前のストロークを行った箇所
○範囲……1クラブレングス
○制限……基点よりホールに近づかない、基点と同じコースエリア

A 元の球の箇所とホールを結ぶ線上で後方にドロップ ➡R19.2

後方線上の救済を受ける場合は、下記の救済エリアから1罰打でプレー。
○球とホールを結ぶ線上で、その球の後方にドロップ（後方であれば距離に制限はなし）
○範囲……ドロップしたときに球が最初に地面に触れた線上の箇所からどの方向にも1クラブレングス
○制限……元の球の箇所よりホールに近づかない。ドロップしたときに球が最初に触れたのと同じコースエリア

Q アンプレヤブルで ラテラル救済を受けるときは どうすればいい?

Referee

ラテラル救済とは、アンプレヤブルの球や レッドペナルティーエリアの球に対して受 けられる救済の選択肢の一つ。基点からホ ールに近づかない2クラブレングスが救済 エリアである。「ラテラル」とは横方向と いう意味がある。

Q バンカー内の アンプレヤブルの 救済処置は?

1罰打で
ドロップ

2罰打で
ドロップ

Q アンプレヤブルの 救済をバンカーの外で 受けるときは?

A その球を基点とした救済エリアからプレー →R19.2

→R19.2

1罰打

ラテラル救済を受ける場合は、下記の救済エリアから1罰打でプレー。
○基点……球
○範囲……2クラブレングス
○制限……ホールに近づかない、ドロップしたときに最初に触れたのと同じコースエリア

 # A 4つの方法から選べる →R19.3

1罰打
2罰打

バンカー内でアンプレヤブルの救済を受けるときは、下記の4つの選択肢から救済方法を選ぶ。

〈1罰打での選択肢〉
○ストロークと距離の救済
○後方線上の救済
○ラテラル救済
▷後方線上の救済とラテラル救済は同バンカー内で

〈2罰打での選択肢〉
○バンカーの外側後方での救済
▷詳細は次の項目およびp.44参照

 # A 2罰打でバンカーの後方からプレー →R19.3

2罰打

2罰打で下記の救済エリアからプレー。
○球とホールを結ぶ線上で、そのバンカーの外側後方にドロップ（後方なら距離に制限はなし）
○範囲……ドロップしたときに球が最初に地面に触れた線上の箇所からどの方向にも1クラブレングス
○制限……ホールに近づかない、バンカーの外側後方で、ドロップしたときに球が最初に触れたのと同じコースエリア

Scorecard
スコアカード

Q サインを忘れて スコアカードを提出したら?

Referee マーカーがつけた自分のスコアをチェックし、正しければPlayer's Signatureの欄にサイン。これがスコア提出の流れ。サインミスのスコアカードに関するローカルルールはp.192参照。

Q スコアや規則について 疑問がある場合は?

Q プレーヤー またはマーカーがサインする 場所を間違えたら?

Q スコアカード提出で プレーヤーが注意することは?

Referee マーカーが記入したホールのスコアは変えてはならない。変える場合はマーカーの同意か委員会の承認が必要なのだ。

ストロークプレー競技ではラウンドが終了したら
スコアカードを速やかに提出します。記入内容が
間違っていた場合、プレーヤーが罰を受けることがあるので
しっかり確認してからスコアカードを提出しましょう。

A プレーヤー、マーカー両方の サインがなければ失格 ○R3.3

スコアカードにはプレーヤーとマーカーが、各ホール
のスコアを確認したことの証明をするために、プレー
ヤー、マーカーの両者のサインが必要。どちらかのサ
インがなくスコアカードを提出した場合は失格となり
ます。

A レフェリーまたは委員会に確認 ○R20.2 / R20.1

スコアカードの内容や規則について疑問がある場合は、スコア
カードを提出する前に裁定する権限を持っているレフェリーま
たは委員会に確認しよう。

A 署名する場所を間違えても プレーヤーとマーカーの サインがあれば罰はない ○R3.3

サインをする場所を間違えても、罰はありません。重
要なのはスコアカード上にプレーヤーとマーカーの両
者のサインがあることです。

A サインと各ホールの スコアの確認 ○R3.3

次の事項が正しく記入されていることはプレーヤーの責任。
○プレーヤーとマーカーのサイン
○各ホールのスコアが正しいこと

Q スコアを間違えて
スコアカードを
提出したら?

Q 罰を受けていたことを知らず、
その罰を加えずに
スコアカードを提出したら?

Q ネットスコアを間違えて、
スコアカードを提出したら?

Q 各ホールのスコアは正しいが、
合計スコアを
間違えてしまったら?

合計は
委員会の責任

各ホールのスコアは
プレーヤーと
マーカーの責任

IN TOTAL
5 4 7 5 45 91

サインは
プレーヤーの
責任

A 少ないスコアを 提出したら失格 ●R3.3

いずれかのホールで事実よりも少ないスコアを記入していた場合失格となります。逆に事実より多いスコアを記入していた場合はそのスコアが採用されます。

A 競技終了前なら スコアカードを修正する ●R3.3

失格以外の罰を受けていたことを知らずにスコアカードを出していたことが競技終了前に発覚した場合は、その受けていた罰をそのホールのスコアに加えることによってスコアカードを修正します。競技終了後に発覚した場合は、罰が加算されずそのままのスコアが採用される。

A プレーヤーに責任はない ●R3.3

下記の事項については委員会の責任。
○競技の日付、プレーヤーの名前が記入されたスコアカードを発行すること
○スコアの合計の計算
○ハンディキャップ競技では、ハンディキャップを算入してネットスコアを出すこと

A 合計スコアを間違えても 罰はない ●R3.3

合計スコアの計算の責任は委員会にあるので罰はありません。しかし、プレーヤーは各ホールのスコアと合計スコアが一致することが確認できるように、合計スコアもしっかり計算してスコアカードを提出するようにしましょう。

Model Local Rule
E-5 紛失球、OBのローカルルール

Q "前進4打"に似た ローカルルールとは?

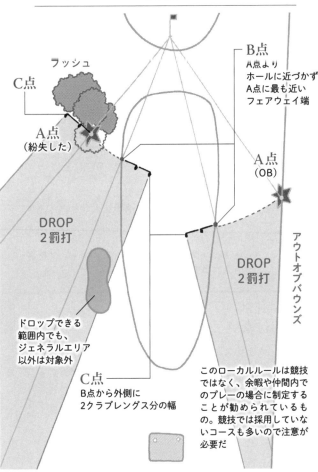

ブッシュ

C点

A点
（紛失した）

B点
A点より
ホールに近づかず
A点に最も近い
フェアウェイ端

A点
（OB）

DROP
2罰打

DROP
2罰打

アウトオブバウンズ

ドロップできる
範囲内でも、
ジェネラルエリア
以外は対象外

C点
B点から外側に
2クラブレングス分の幅

このローカルルールは競技
ではなく、余暇や仲間内で
のプレーの場合に制定する
ことが勧められているも
の。競技では採用していな
いコースも多いので注意が
必要だ

このローカルルールが採用されていれば
球が紛失球となった、またはOBとなったところを推定して、
2罰打を加えて球をドロップすることができます。

ローカルルールひな型E-5 「ストロークと距離の処置に代わる選択肢」

ティーイングエリアから打った球が、左図のOBやブッシュに飛び込み紛失したとする。本来"ストロークと距離の罰"として1罰打を付加しティーから3打目。これを図のA点付近でドロップし、2罰打でプレー再開する方式がこのローカルルール。

球がなくなった場所を 推定して救済エリアを決める

下記の方法で救済エリアを決め、その中にドロップし、2罰打を加えてプレーします（イラスト参照）。
○基点➡2つの基点を推定
A点……球が止まっていたと思われる地点（OBなら境界を横切った地点）
B点……A点よりホールに近づかずA点に最も近いフェアウェイ端
○範囲➡A点とホールを結ぶ線およびB点とホールを結ぶ線を想定し、その外側2クラブレングス（C点）の幅を含めた範囲のジェネラルエリアにドロップ

このローカルルール採用中でも 暫定球を打つことができる

例えばティーイングエリアから近いところで紛失しそうなら、暫定球を打つほうがグリーンに近いところで第4打を打てる。この暫定球は認められています。元の球がOBだった場合は暫定球がインプレーになり、このローカルルールの処置は使えません。

OBは1罰打?
2罰打?
「ストロークと
距離の救済」

「ス トロークと距離の救済」が2罰打だと勘違いしている人が多いが、実は1罰打が正しい。それは、例えばティーショットがOBに行った場合、そのティーショットのストロークを数えないものと思い込んでいるからだ。正しくは、そのOBへ打ったストロークの1打に、1罰打を加えた上で、次が3打目となる。

ストロークと距離の救済は、ゴルフを始める上で初めに知っておくべき基本のルールだ。他の救済と違うのは、コース上のどこに球があっても、いつでもこの救済が受けられることだ。例えばティーショットをチョロってしまい、20ヤード先のラフに止まった球をプレーしたくないと思えば、1罰打を加えて、ティーからプレーし直すことができる。

はい、こちら レフェリーです！

ルールのトラブル、これで解決！

今年こそ競技ゴルフ。 でもルールが心配…

「よくあるトラブル・ベスト5」がこちら。
最低限知っておくべきルールをおさえて
競技ゴルフにデビューしよう。

1 カート道などの異常なコース状態からの救済をする
際に、完全な救済のニヤレストポイントはどこなの
か。また救済エリアの範囲は1クラブレングスなの
か、2クラブレングスなのかわからない。
⮕p.40〜43、P.156〜159

2 救済のドロップをしたとき、球が地面に落ちてから
1m以上転がったり、自分の足やティーに当たった
りすると、再ドロップすべきなのか迷う。⮕p.146

3 球がペナルティーエリアの方向へ飛び、本当に入っ
たのか不確かなとき、どうすればいいのかはっきり
しない。⮕p.162

4 球がペナルティーエリアに入ったとき、どこに救済
のドロップをしていいのかがわからない。
⮕p.26〜29、P.164

5 球が打てない状態だけど、アンプレヤブルの処置が
わからない。⮕p.44、P.172〜175

球が動いた原因は、
自分か？自然か？
処置がわからない。

規則20.1c
「2つの球」を
プレーしてください。

　これだけ多くのルールがあれば、プレー中にどのような処置をすればいいのか迷うこともしばしば。プロ競技のようにレフェリーが飛んできてくれたらその場で解決するが、一般のプレーでは自分たちで何とかしなければならない。そんなときは、2つの球をプレーして、後で委員会に判断を委ねることができる。

　例えば、球がヤード杭の近くに止まっていてスイングの障害になるが、それを取り除いていいのかわからない。この場合は、ヤード杭をそのままに球をプレーし、2つめの球は同じ箇所

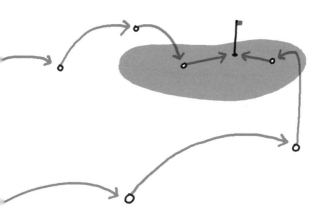

にプレースしてヤード杭を取り除いてプレーし、両方の球でホールアウトできる。

あるいは、プレー中に偶然に自分の球を動かしてしまい、このままプレーしていいのか、球をリプレースしなければいけないのかがわからない。こんな場合も、動かしてしまった球とリプレースした球の2つをプレーしてホールアウトできる。重要なのは、2つの球をプレーするとき、どちらの球のスコアを採用したいかをストロークを行う前に宣言しておくこと。

宣言しないと、望まない方のスコアがカウントされてしまう可能性がある。またスコアカードを提出する前に、必ず委員会に報告すること。さもなければ失格となってしまうので要注意だ。

誤球されて
しまった！

はい、こちらレフェリーです！

3分以内に
誤球されたことが
わからなければ
紛失球になります。

　プレーばかりに夢中となり、ラフにある球を
自分のかと確認せずに、同伴プレーヤーの球を
打ってしまったことはないだろうか。自分の球
でない球にストロークをすると誤球の2罰打と
なり、そのストローク自体はカウントされない。
そして自分の球でプレーを続けなければならな
い。

　では、誤球された方のプレーヤーはどうすれ
ばいいのか。打たれてしまったその球は、遠く
200ヤード先に飛んでいってしまい、綺麗な芝
だった球のライは、ターフが取られて状態が悪

くなっている。このような不運に対して、ルールでは不利にならないための救済処置がある。

まず球は、別の球に取り替えることができるので、わざわざ打たれた球を取りに行かなくていい。そして変えられたライは、元の状態のライに最も似た、最も近い箇所で、ホールに近づかない1クラブレングス以内に球をリプレースできる。

まれに、もし同伴プレーヤーに誤球されたことを知らずに球の捜索をした場合、3分の捜索時間内に誤球された事実に気づかなければならない。もし分からずに3分が経過してしまうと、紛失球となってしまう。

他のプレーヤーに迷惑をかけないためにも、プレーする前の球確認は常に心掛けておくべきだ。

球がない…。
木になった？

OBがなくても
紛失の可能性があるときは
「暫定球」を打っておきましょう。

　ティーショットを林のほうに曲げてしまい、球がどこに止まったかわからない。そんなときは迷わず暫定球をプレーすべきだ。万が一、林の中で球が見つからなければ、暫定球がインプレーの球となり、2打目地点からプレーを続けることができる。そうすることで、わざわざティーイングエリアへ打ちに戻る手間が省け、プレーを遅らせずに済む。

　では球は見つかったが、木の枝に乗っかっていたらどうすべきか。まずはそれが自分の球なのかを確認しなければならない。球が高いところに止まっていれば、双眼鏡やスマホを使って識別マークを確認する方法がある。自分の球だと確認できれば、そのままプレーするか、1罰打でアンプレヤブルとみなして処置することができる。

ボールは
どこへ…

my ball

あっ、クラブを忘れてしまった！

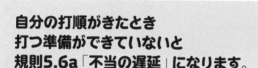

自分の打順がきたとき打つ準備ができていないと規則5.6a「不当の遅延」になります。

今やセルフプレーが一般的だが、キャディーがいないことでクラブや距離計測器の置き忘れが目立つようになった。とくにグリーンサイドに置いたまま、次のホールに進んでしまうことが多いが、気づいた時点で急いで取りに戻れば違反となる可能性がある。

規則5.6aは、プレーの不当の遅延を扱っている。ここではプレーヤーが自分のコントロールできる範囲の行為によって生じた遅延は罰の対象になると記されている。これは状況に応じてとなるが、例えば、前のホールのグリーン脇にクラブを置き忘れて取りに行き、ティーイングエリアに戻ってきたときに、まだ前の組がティーショットをしているのであれば、罰はない。

しかし戻ってきたときに、前の組が2打目を打ち終わっていて、自分のティーショットを打つ順番に間に合わなければ罰打がつく。最初の違反は1罰打、2回目の違反は2罰打、3回目の違反は失格となる。

パッティング
グリーン上の球が
動いてしまった。

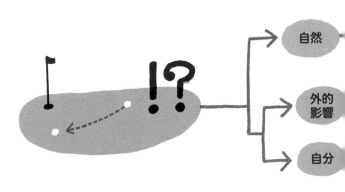

自然

外的
影響

自分

はい、こちらレフェリーです！

それはマークして
拾い上げる前ですか？
後ですか？

　本来、風や傾斜などの自然の力で球が動いた
場合、動いて止まったところからプレーするの
が原則だ。これは、止まっている球が自然の力
で動いたのは、前のストロークの続きとみなさ
れているからだ。

　ところが止まっている球を拾い上げた場合、
たとえ同じ箇所にリプレースしたとしても、前
のストロークの続きは拾い上げた時点で絶たれ
る。それ故、パッティンググリーン上で拾い上
げてリプレースされた球が風で動いた場合は、

阿蘇紀子 あそ・のりこ

東京五輪、リオ五輪、全米女子オープン、全英女子
オープンなど国内外約300試合のレフェリー。JGA
ルールテストS級、JLPGA競技委員歴11年。カナダ、
トロント生まれ、コロラド州立大学卒業。2000年〜
2009年JLPGAツアー参戦

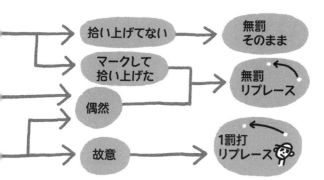

そのままプレーしてはならず、元の位置にリプ
レースしなければならない。

　これは2019年のルール改訂で変更となった
規則だが、近年のパッティンググリーンのスピ
ードが速くなったことが影響している。表面が
ツルツルとしたグリーンだと、風や傾斜の影響
で球が動くケースが増えた。そんな中で、一度
拾い上げてリプレースした球が、ホールから遠
くに転がり、そこからプレーするのは不公平と
いう見方が出た。

　ちなみに、自然の力ではなく、プレーヤーや
動物や他の球によって動かされた球は、いつで
も元の位置にリプレースしなければならない。

署名のない
スコアカードを
提出しても
失格を免れる
ローカルルール
L-1

　ローカルルールとは、委員会が一般的なプレーや特定の競技会のために採用する規則の修正または追加規則だ。このローカルルールは規則と同じ効力があり、オフィシャルガイドに採用可能なひな型がいくつも掲載されている。2023年から新たに追加されたこのローカルルールひな型L-1は、ストロークプレー競技で、プレーヤーまたはマーカー、もしくは2人の署名がないスコアカードを提出した場合、本来なら失格になるところを2罰打に軽減するものだ。その2罰打は、プレーヤーのラウンドの最終ホールのスコアに足すことになる。現在は委員会が採用した場合にしか適用されないが、4年後のルール改訂では一般の規則となる可能性もある。

Match Play
クラチャンを目指す人々へ
マッチプレー

1744年に初めてできたゴルフのルールは
マッチプレーを対象にしていた。
初のストロークプレーは1759年である。
プロ競技ではストロークプレーが多いが
クラブ選手権などではマッチプレーが
主流の競技スタイル。
聞きなれないルールも多いのでは？

I am
1up
now

2人で
遊ぶときも
使えます

ホールの勝ちになった場合「1UP」
となる。上のイラストでは手前のプ
レーヤーが1ホール分リードしてい
るという意味。

CASE 1
ティーの外で打っても
罰なしになる!?

マッチプレーでは、ティー
イングエリアの外から打っ
ても罰はない。ティーマー
カーより前に球が出た状態
でティーショットを打った
場合でもだ。しかし、マッ
チの相手はそのストローク
を取り消すことができる。
つまり相手のショットが
OBならそのまま、ナイス
ショットなら取り消すとい
う、駆け引きが可能となる
のだ。ただしストロークを
やり直させることができる
のは、いずれかのプレーヤ
ーが次のショットを打つ前。
速やかな決断が求められ
る。　◎R6.1b(1)

駆け引きを
認めるルールが！

相手やマッチの状況に応じて
ホールの戦略を立てるマッチプレー。
——ストロークプレー以上に神経戦だ。
1メートルのパットをOKしたかと思えば
50センチをOKしないなど駆け引きをする。
ルールもその歴史を受けた形でできている。

CASE 2
打順間違いで
ストローク取り消しも

打順を間違えた場合、マッチの相手はそのストロークを取り消すことができる。ただし時間節約のためなら、お互いの同意によって違った順番でプレーすることもできる。例えばティーインググエリアでオナーなのにトイレに寄りたい場合、すぐにティーオフできる状況なら、相手にオナーを譲り、相手もそれに同意すれば順番を変えることができる。その場合"順番が違ったことによるストロークを取り消す権利"は放棄したことになる。　●R6.4a(2) 例外

CASE 3
"遠球先打"の縛りと等距離だった場合の打順

セカンド以降は"遠球先打"がルール。この順番を取り違えると、ストロークプレーでは間違いを謝罪するだけで済むが、マッチプレーでは相手からストロークの取り消しを要求されることもある。では、お互いの球がホールからほぼ等距離の位置にあり、遠い方を選べない場合はどちらが先に打てばいいのか。先に打つ球をお互いの同意か無作為な方法（投げたティーペグの向きで決める等）によって決めることになるのだ。 ◎R6.4a(1)

CASE 4
1mパットをコンシード。あえて相手に打たせない

マッチの相手からコンシード（OK）された場合、辞退することも、相手が撤回することもできない。ストロークする時間を節約できるので速やかなプレーにつながるが、例えば相手にショートパットの感覚をなくさせるために、微妙な距離でもわざとコンシードし続ける、という駆け引きもできる。マッチ終盤の勝負所でそのラウンド初めてのショートパットを打たせると、プレッシャーが増してミスを誘発するというわけだ。 ◎R3.2b

コンシード

相手が次のストロークでホールアウトしたものと認める意思表示が「コンシード」。日本では「OK」と伝えるのが一般的。対戦ホールごと、マッチに対するギブアップも「コンシード」となる。「コンシード」は明確なやり取りがあった場合のみ成立する。伝え方は言葉だけでなく、身振りや手振りでも構わない。ただし、コンシードされたとの誤解があり、球を拾い上げてしまった場合の罰はなく、リプレースしてプレー続行となる。 ◎R3.2b

マッチプレー用語

ホールマッチに
スコアカード不要！？

ホールの勝ちを○、負けを×としたが
実際は、ほぼスコアカードは使わない。
「今、相手に対して2アップ」
「あと5ホールだが1アップすれば2ホール残して勝てる」
などと心の中でつぶやきながらプレーする。

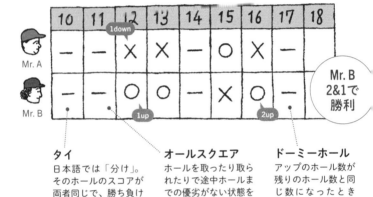

タイ
日本語では「分け」。
そのホールのスコアが
両者同じで、勝ち負け
なしの意味。ハーフと
もいう。

オールスクエア
ホールを取ったり取ら
れたりで途中ホールま
での優劣がない状態を
いう。マッチイーブン
ということもある。

ドーミーホール
アップのホール数が
残りのホール数と同
じ数になったとき
「ドーミー」。

マッチプレー用語

2&1

片方のプレーヤーが2アップし、1ホールを残して決着
した様子をいう。もしもMr. Bが15番ホールを分けとし2
アップを保っていたなら、16番でアップした時点で3ア
ップ。残り2ホールを残して3&2の勝利となるところだ
った。その16番のことを、ホールを取れば勝ちという
意味で、アップドーミーホールと呼ぶ。

CASE 5
相手との
ハンディキャップ差は
各ホールに割り振る

マッチプレーではホールごとにハンディキャップストロークが割り振られ、ネットスコアが少ない方がそのホールの勝ちとなる。各ホールのハンディキャップの割り当ては委員会が決定し、通常はスコアカード上に記載されてプレー前に渡される。たとえば、ハンディキャップ差が「4」の場合、18ホールからピックアップした4つのホールにそれぞれ「1」ずつ割り当てられる。
⊃R3.2c(2)

CASE 6
ドーミーホールから
全ホール取れば
引き分け

ホールの勝ち数が、残りのホール数を上回った時点で、そのマッチの勝者となる。例えば15番ホールを終えて4アップしていれば、残りは3ホールで逆転不可能。「4&3」で勝敗が決したことになる。また、勝っているホール数と残りのホール数が同じになった状態を「ドーミー」と呼び、次のホールを「ドーミーホール」と呼ぶ。勝っている側は、そのホールを勝つか引き分けると、マッチの勝利が決まる。

CASE 7
エキストラホール突入。
最終ホールの後も練習不可

最終ホールを終えてもマッチがタイの場合、勝者が決まるまで1ホールずつ延長していく。まだ同じラウンドが継続しているのであり、新しいラウンドに移ったわけではない。つまり、その間に通常の練習はできない。ただし、ローカルルールで禁止されていなければ、不当な遅延にならないかぎり、ホールアウト直後のグリーンや練習グリーンでの練習可。次のティーイングエリアや、その周辺でのチッピング、パッティングの練習はいつでも認められている。　⊃R3.2a(4)

グロススコアは
敗者の方がいい場合も

ストロークプレーの1ホールの大叩きと違い
マッチプレーでは単に1ホールの負け。
叩くホールもあるが
勝負どころでパーやバーディを取る人は
スコアの合計なら負けなのに
マッチプレーでは勝てる場合もあるのだ。

CASE 8
互いに誤球したら
先に間違った方が
負け

ストロークプレーで2人と
も誤球した場合は、お互い
に2罰打で取り違えた場所
に戻ってやり直しとなるが、
マッチプレーの場合は別。
最初に誤球をプレーしたプ
レーヤーが、そのホールの
負けとなる。ただし、どち
らが先に誤球したかわから
ない場合は、お互いに罰は
なく、そのホールは入れ替
わった球のままでプレーを
終えなければならない。例
えば、ティーで共用キャデ
ィーから、取り違えた球を
受け取ってプレーした場合
などが考えられるからだ。
◯R6.3c

CASE 9
談合的に
勝敗を決着させると
失格になる

日没間際「もうこの18番だ
けで決着をつけよう」など
と両者の合意で競技の条件
を変えてしまうこともでき
そう。ほかにも、どちらか
が1アップした時点で他方
が残りのホールをコンシー
ドする、など事前の取り決
めをしてマッチを短縮……
どちらもNGだ。両者とも、
競技失格となる。ただし、
プレーヤーたちがそうした
ことは認められていないと
知らなかった場合は、その
マッチは同意されたとおり
に成立する。　◯R1.3b

ギブアップ

ホールのプレー途中で負けを認めること。
正式には「コンシード」。「OK」と言って
相手が次の1打でホールアウトしたと認め
ることも「コンシード」という。2アップ、
3アップなどは勝っているホール数を表
し、2ダウンなどは負けているホール数を
表現したものだ。18ホールマッチでは一
方が毎ホール勝ち続けた場合、「10&8」で
勝敗決着もありうる。

マッチプレー用語

「救済処置×救済エリア」まとめ

救済の種類	球が止まっている所	罰打	基点
異常なコース状態	ジェネラルエリア	**罰なし**	完全な救済のニヤレストポイント ジェネラルエリア
異常なコース状態	バンカー	**罰なし**	完全な救済のニヤレストポイント バンカー内
異常なコース状態	バンカー	**1打**	球とホールを結ぶ線上でそのバンカーの外の後方線上（距離に制限なし）
異常なコース状態（障害がなくなる所がない）	バンカー	**罰なし**	最大限の救済を受けることができるポイント バンカー内
異常なコース状態	パッティンググリーン	**罰なし**	完全な救済のニヤレストポイント パッティンググリーンかジェネラルエリア
異常なコース状態（障害がなくなる所がない）	パッティンググリーン	**罰なし**	最大限の救済を受けることができるパッティンググリーンかジェネラルエリア
目的外グリーン	コース上（制限なし）	**罰なし**	完全な救済のニヤレストポイント 球が止まっているコースエリア
地面にくい込んだ球	ジェネラルエリア	**罰なし**	球がくい込んでいる場所の直後の箇所
イエローペナルティーエリア ストロークと距離の救済	イエローペナルティーエリア	**1打**	直前のストロークを行なった箇所
イエローペナルティーエリア 後方線上の救済	イエローペナルティーエリア	**1打**	球がペナルティーエリアを最後に横切った地点とホールを結ぶ、そのペナルティーエリアの後方線上（距離に制限なし）

◎使用頻度の高い救済処置をまとめた。
◎「基点」は、救済エリアの大きさを計測するときの基点のこと。
◎「選択」は受けるか受けないかを選べる救済。
◎「強制」は受けなければならないと決められた救済。

範囲 （クラブレングス）	救済エリアの範囲の制限	ドロップ／プレース	選択／強制
1クラブ	○基点よりホールに近づかない ○ジェネラルエリア ○障害が完全になくなる所	ドロップ	選択
1クラブ	○基点よりホールに近づかない ○バンカー ○障害が完全になくなる所	ドロップ	選択
1クラブ	○元の球の箇所よりホールに近づかない ○そのバンカー以外のコースエリア	ドロップ	選択
1クラブ	○基点よりホールに近づかない ○バンカー	ドロップ	選択
なし	○基点	プレース	選択
なし	○基点	プレース	選択
1クラブ	○基点よりホールに近づかない ○基点と同じコースエリア ○障害が完全になくなる所	ドロップ	強制
1クラブ	○基点よりホールに近づかない ○ジェネラルエリア	ドロップ	選択
1クラブ	○基点よりホールに近づかない ○基点と同じコースエリア	ドロップ （基点がティーイングエリアの場合はティーアップ可）	選択
1クラブ	○ペナルティーエリアを最後に横切った地点よりホールに近づかない ○そのペナルティーエリア以外のコースエリア	ドロップ	選択

救済の種類	球が止まっている所	罰打	基点
レッドペナルティー エリア ストロークと 距離の処置	レッドペナルティー エリア	1打	直前のストロークを行なった箇所
レッドペナルティー エリア 後方線上の救済	レッドペナルティー エリア	1打	球がペナルティーエリアを最後に横切った地点とホールを結ぶ、そのペナルティーエリアの後方線上（距離に制限なし）
レッドペナルティー エリア ラテラル救済	レッドペナルティー エリア	1打	球がペナルティーエリアを最後に横切った地点
紛失球	不明	1打	直前のストロークを行なった箇所
アウトオブバウンズ	アウトオブバウンズ	1打	直前のストロークを行なった箇所
アンプレヤブル ストロークと 距離の処置	ジェネラルエリア	1打	直前のストロークを行なった箇所
アンプレヤブル 後方線上の救済	ジェネラルエリア	1打	球とホールを結ぶ線上でその球の後方線上（距離に制限なし）
アンプレヤブル ラテラル救済	ジェネラルエリア	1打	球が止まっている所
アンプレヤブル ストロークと 距離の処置	バンカー	1打	直前のストロークを行なった箇所
アンプレヤブル 後方線上の救済	バンカー	1打	球とホールを結ぶその球の後方線上（距離に制限なし）のバンカー内
アンプレヤブル ラテラル救済	バンカー	1打	球が止まっている所
アンプレヤブル バンカーの2罰打救済	バンカー	2打	球とホールを結ぶその球の後方線上（距離に制限なし）のバンカー外

範囲 （クラブレングス）	救済エリアの範囲の制限	ドロップ／プレース	選択／強制
1クラブ	○基点よりホールに近づかない ○基点と同じコースエリア	ドロップ （基点がティーイングエリアの場合はティーアップ可）	選択
1クラブ	○ペナルティーエリアを最後に横切った地点よりホールに近づかない ○そのペナルティーエリア以外のコースエリア	ドロップ	選択
2クラブ	○基点よりホールに近づかない ○そのペナルティーエリア以外のコースエリア	ドロップ	選択
1クラブ	○基点よりホールに近づかない ○基点と同じコースエリア	ドロップ （基点がティーイングエリアの場合はティーアップ可）	強制
1クラブ	○基点よりホールに近づかない ○基点と同じコースエリア	ドロップ （基点がティーイングエリアの場合はティーアップ可）	強制
1クラブ	○基点よりホールに近づかない ○基点と同じコースエリア	ドロップ （基点がティーイングエリアの場合はティーアップ可）	選択
1クラブ	○元の球の箇所よりホールに近づかない ○どのコースエリアでもよい	ドロップ	選択
2クラブ	○基点よりホールに近づかない ○どのコースエリアでもよい	ドロップ	選択
1クラブ	○基点よりホールに近づかない ○基点と同じコースエリア	ドロップ （基点がティーイングエリアの場合はティーアップ可）	選択
1クラブ	○元の球の箇所よりホールに近づかない ○バンカー	ドロップ	選択
2クラブ	○基点よりホールに近づかない ○バンカー	ドロップ	選択
1クラブ	○元の球の箇所よりホールに近づかない ○そのバンカー以外のコースエリア	ドロップ	選択

救済処置
Yes or No!?

〈表の見方〉
ルースインペディメントをバンカーで取り除いていい………○
アンプレヤブルをペナルティーエリアで宣言できない………✕
○✕の下は「球が動いてしまったとき」の罰打と処置など。

ルースインペディメント

罰なしで動かせるか
球が動いた場合

動かせる障害物（球が寄りかかっている）

罰なしで動かせるか
球が動いた場合

異常なコース状態

救済を受けられる
救済処置

アンプレヤブル

救済を受けられる
救済処置

ジェネラルエリア	ペナルティーエリア	バンカー	パッティンググリーン
○	○	○	○
1罰打で リプレース	1罰打で リプレース	1罰打で リプレース	罰なしで リプレース
○	○	○	○
罰なしで リプレース	罰なしで リプレース	罰なしで リプレース	罰なしで リプレース
○	✕	○	○
罰なしで ドロップ		1罰打 or 罰なし でドロップ	罰なしで プレース プレー線上に かかった場合も
○	✕	○	○
1罰打で 救済場所 により異なる		1 or 2罰打 救済場所 により異なる	1罰打で 救済場所 により異なる

定義

相手

マッチでプレーヤーが対戦する人。相手という用語は
マッチプレーにのみ適用します。

アウトオブバウンズ

委員会によって定められたコースの境界縁の外側のす
べての区域。その縁の内側のすべての区域はインバウン
ズです。

コースの境界縁は地面の上方と、地面の下方の両方に
及びます：

境界縁は境界物や線によって定められるべきです：

○境界物：杭やフェンスによって定められる場合、境
界縁はその杭やフェンスポスト（支柱を除く）のコー
ス側を地表レベルで結んだ線によって定められ、そし
てそれらの杭やフェンスポストはアウトオブバウンズ
です。

壁のような他の物で定められる場合、または委員会が
違った方法で境界フェンスを扱いたいと考える場合、
委員会はその境界縁を定めるべきです。

○線：地面に塗られた線によって定められる場合、境
界縁はその線のコース側の縁となり、その線自体はア
ウトオブバウンズです。

地面の線が境界縁を定める場合、境界縁がある場所を
示すために杭を使用することができます。しかし、そ
の杭にはその場所を示す以外の意味はありません。境
界杭や境界線は白色とするべきです。

アドバイス

クラブを選択するとき、ストロークを行うとき、ホールや、ラウンド中のプレー方法を決定するときに、プレーヤーや別のプレーヤーに影響を及ぼすことを意図した口頭によるコメントや行為（例えば、ストロークを行うために使用したクラブを見せること）。

しかし、アドバイスには公開されている情報は含まれません。例えば、コース上の物の位置、ある1点から他の1点までの距離、または規則。

委員会

競技またはコースを管理する人、またはグループ。

異常なコース状態

動物の穴、修理地、動かせない障害物、一時的な水。

一時的な水

ペナルティーエリアにはなく、プレーヤーがスタンスをとる前やスタンスをとった後に見えている（プレーヤーの足で過度に踏み込まずに）地表面に一時的に溜まった水（例えば、雨や散水による水溜り、水域から溢れた水）。

単に地面が濡れている、ぬかるんでいる、軟らかい、またはプレーヤーが地面に立ったときに水が瞬間的に見える、というだけではこの条件を満たしません；水溜まりはスタンスをとる前と後のいずれかに存在していなければなりません。

特別なケース：

○露や霜は一時的な水ではありません。

○雪と自然の氷（霜以外）は、プレーヤーの選択で、ルースインペディメントか、または地面の上にある場合は一時的な水のいずれかとなります。

○人造の氷は障害物です。

一般の罰

マッチプレーではホールの負け、ストロークプレーでは2罰打。

インプレー

コース上にあり、ホールのプレーで使用しているプレーヤーの球の状態：

球は次のときにホールで初めてインプレーの球となります：

○プレーヤーがティーインググエリアからその球にストロークを行ったとき。または、

○マッチプレーで、プレーヤーがティーインググエリアの外からその球にストロークを行い、相手が規則6.1bに基づいてそのストロークを取り消さなかったとき。

球はホールに入るまでインプレーのままとなる。ただし、次のときはもはやインプレーではなくなります：

○その球がコースから拾い上げられたとき。

○その球が紛失した（コース上に止まっていたとしても）、またはアウトオブバウンズに止まったとき。または、

○別の球に取り替えたとき（規則で認められていなかったとしても）。

インプレーではない球は誤球です。

インプレーの球の箇所をマークするためにボールマーカーが所定の位置にある場合：

○球が拾い上げられていなかった場合、その球はまだインプレーです。そして、

○球が拾い上げられてからリプレースされた場合、そのボールマーカーがまだ取り除かれていなかったとしてもその球はインプレーです。

動いた

止まっている球が元の箇所を離れて他の箇所に止まり、それが肉眼によって見ることができる（誰かが実際にそれを見ていたかどうかにかかわらず）場合。

このことは球が元の箇所を離れ、上下、水平、どの方向に動いたかにかかわらず適用します。

球が揺れている（または振動している）だけで、元の箇所に留まっている、または戻っている場合、その球は動いたことにはなりません。

動かせない障害物

不合理な努力なしには、またはその障害物やコースを壊さずには動かすことができない。そして、その他の点において動かせる障害物の定義に合致しないあらゆる障害物。

動かせる障害物

合理的な努力でその障害物やコースを損傷させずに動かすことができる障害物。

動かせない障害物や不可分な物の一部（例えば、門、ドア、取り付けられたケーブルの一部）がこれらの2つの基準に合致する場合、その部分は動かせる障害物として扱われます。

しかし、動かせない障害物や不可分な物の動かせる部分が動かすことを意図して作られていない場合（例えば、石壁の一部から分離した石）にはこの規定は適用しません。

オナー

ティーイングエリアから最初にプレーするプレーヤーの権利（**規則6.4参照**）。

改善

プレーヤーがストロークに対して潜在的な利益を得るためにそのストロークに影響を及ぼす状態、またはプレーに影響を及ぼす他の物理的な状態の1つまたは複数を変えること。

外的影響

プレーヤーの球、用具、コースに起きることに影響を及ぼす可能性のある次の人や物：

○すべての人（別のプレーヤーを含む）。ただし、プレーヤー、またはそのキャディー、プレーヤーのパートナーや相手、それらのキャディーを除きます。

○すべての動物。そして、

○すべての自然物、人工物やその他の物（動いている別の球を含みます）。ただし、自然の力を除きます。

○人工的に発生させた風や水

完全な救済のニヤレストポイント

異常なコース状態（規則16.1）、危険な動物の状態（規則16.2）、目的外グリーン（規則13.1f）、プレー禁止区域（規則16.1fと規則17.1e）から罰なしの救済を受けるため、または特定のローカルルールに基づいて救済を受けるときの基点。

この基点は次の要件を満たして球があるものと推定された地点です：

○球の元の箇所に最も近く、しかし、その箇所よりホールに近づかない。

○要求されるコースエリア内。そして、

○ストロークに対してその障害がなくなる所。そのストロークとは、もしその状態が元の箇所になかったらプレーヤーがそこから行っていたであろうストロークを意味します。

この基点を推定するときには、プレーヤーはそのストロークで使用していたであろうクラブの選択、スタンス、スイング、プレーの線を特定する必要があります。

キャディー

クラブを持って行く、運ぶ、扱うために、またはアドバイスを与えるためにラウンド中にプレーヤーを助ける人。キャディーは規則が認める他の方法でプレーヤーを助けることもできます（規則10.3b参照）。

救済エリア

プレーヤーが規則に基づいて救済を受けるときに球を
ドロップしなければならないエリア。各救済規則はプレーヤーに次の3つの要素に基づく大きさと場所を持つ特定の救済エリアを使用することを要求します：

○基点：救済エリアの大きさを計測するときの起点。

○基点から計測する救済エリアの大きさ：救済エリアは基点から1クラブレングスか、2クラブレングスのいずれかとなります。しかし、一定の制限があります。

○救済エリアの場所の制限：救済エリアの場所は1または複数の方法で制限されることがあります。例えば：

▽特定の定義されたコースエリアだけとなります（例えば、ジェネラルエリアだけ、またはバンカーやペナルティーエリアの外）。

▽基点よりもホールに近づかない。または救済を受けているペナルティーエリアやバンカーの外でなければなりません。または、

▽救済を受けている状態による障害（特定の規則で定めている）がなくなる所。

境界物

アウトオブバウンズを定める、または示している人工物（例えば、壁、フェンス、杭、レーリング）で罰なしの救済は認められません。

境界物には境界フェンスの基礎や柱を含みます。しかし、壁やフェンスに取り付けられた支柱や支線、または、壁やフェンスを乗り越えるために使用する階段、橋、類似の建造物は含まれません。

境界物はその全体または一部を動かすことができたとしても、動かさないものとして扱われます

（規則8.1a参照）

境界物は障害物でも、不可分な物でもありません。

クラブレングス

ラウンド中にプレーヤーが持っている14本（またはそれ以下）のクラブ（規則4.1b(1)で認められる通り）のうち、パター以外で最も長いクラブの長さ。例えば、ラウンド中にプレーヤーが持っている最も長いクラブ（パターを除く）が43インチ（109.22cm）のドライバーの場合、そのプレーヤーのそのラウンドのためのクラブレングスは43インチとなります。

コース

委員会が設定した境界の縁の内側のすべてのプレーエリア。境界の縁は地面の上方と、地面の下方の両方に及びます。

コースエリア

コースを構成する次の5つの定義されたエリア：(1) ジェネラルエリア、(2) プレーヤーがプレーするホールをスタートするときにそこからプレーしなければならないティーイングエリア、(3) すべてのペナルティーエリア、(4) すべてのバンカー、そして (5) プレーヤーがプレーしているホールのパッティンググリーン。

誤球

次のプレーヤーの球以外のすべての球：
○インプレーの球（元の球か、取り替えた球かにかかわらず）。
○暫定球（規則18.3cに基づいて放棄する前の）。または、
○規則14.7bや規則20.1cに基づいてストロークプレーでプレーした第2の球。
誤球の例は、別のプレーヤーのインプレーの球、捨てられている球、プレーヤー自身の球でアウトオブバウンズとなっている球、紛失球となった球、あるいは拾い上げていてまだインプレーに戻していない球。

誤所

プレーヤーが自分の球をプレーすることを規則が求めている、または認めている場所以外のコース上のすべての場所です。

最大限の救済を受けることができるポイント

完全な救済のニヤレストポイントがない場合に、バンカー（規則16.1c）やパッティンググリーン（規則16.1d）の異常なコース状態から罰なしの救済を受けるための基点。

この基点は次の要件を満たして球があるものと推定された地点です：

○球の元の箇所に最も近く、しかし、その箇所よりもホールに近づかない。

○要求されたコースエリア内。そして、

○その異常なコース状態がなかったら元の箇所から行っていたであろうストロークに対してその状態による障害が最小となる所。

この基点を推定するときには、プレーヤーはそのストロークで使用していたであろうクラブの選択、スタンス、スイング、プレーの線を特定する必要があります。

サイド

マッチプレーやストロークプレーでラウンドを一つのユニットとして競う2人以上のパートナー。

暫定球

プレーヤーによってプレーされたばかりの球がアウトオブバウンズであったり、ペナルティーエリア以外の場所で紛失の可能性がある場合にプレーされる別の球。

ジェネラルエリア

コース全体から他の4つの定義されたエリア（つまり（1）プレーヤーがプレーするホールをスタートするときにそこからプレーしなければならないティーイング

エリア、(2) すべてのバンカー、(3) すべてのペナルティーエリア、(4) プレーヤーがプレーしているホールのパッティンググリーン）を除いたコースエリア。ジェネラルエリアには、ティーイングエリア以外のコース上のすべてのティーイング場所。そして、すべての目的外グリーンを含みます。

自然の力

風、水などの自然の影響、または重力の影響により明らかな理由がなく何かが起きる場合。

地面にくい込む

プレーヤーの球がそのプレーヤーの直前のストロークの結果として作られたその球のピッチマークの中にあり、その球の一部が地表面より下にある場合。地面にくい込んだことになるために球は必ずしも土に触れる必要はありません（例えば、草やルースインペディメントが球と土の間にあることもあります）。

重大な違反

ストロークプレーで、誤所からのプレーが正しい場所から行われるストロークと比較してプレーヤーに著しい利益を与える可能性がある場合。

修理地

委員会が修理地と定める（マーキングや他の方法により）コースのすべての部分。
委員会が修理地として定めていなかったとしても次のものは修理地に含まれます：
○次のときに委員会、または管理スタッフが作った穴：
▽コースセットアップ（例えば、杭を取り除いた穴や、別のホールのプレーのために使用しているダブルグリーン上のホール）。または、
▽コース管理（例えば、芝、切り株を取り除くときにできた穴やパイプラインを設置するときにできた穴。

しかし、エアレーションホールを除きます)。

○後で移すために積まれた刈草、葉、他の物。しかし:

▽移すために積まれた自然物はルースインペディメントです。そして、

▽移すことを意図せずにコース上に残されている物は、委員会が修理地として定めていなければ、修理地ではありません。

○プレーヤーの球の近くにあるためにプレーヤーのストロークやスタンスにより損傷する可能性のある動物の住処(例えば、鳥の巣)。ただし、ルースインペディメントとして定義されている動物(例えば、ミミズや昆虫)によって作られた住処を除きます。

修理地の縁は杭、線、物理的な特徴を持った物で定めるべきです:

○杭:杭で定める場合、修理地の縁は、地表レベルでその杭と杭の外側を結んだ線で定め、その杭は修理地内です。

○線:地面上に塗った線で定める場合、修理地の縁はその線の外側の縁となり、線自体は修理地内です。

障害物 (動かせる障害物、動かせない障害物も参照)

不可分な物と境界物を除くすべての人工物。

障害物の例:

○人工の表面を持つ道路(これらの人工的な縁石を含む)。

○建物、車両。

○スプリンクラーヘッド、排水溝、灌漑ボックスまたは制御ボックス。

○プレーヤーの用具、旗竿、レーキ。

スコアカード

ストロークプレーで、各ホールのプレーヤーのスコアを記入するカード。

スタンス

ストロークの準備や、ストロークを行うときのプレーヤーの足と体の位置。

ストローク

球を打つために行われるクラブの前方への動き。

ストロークと距離

プレーヤーが直前のストロークを行った所から球をプレーすることによって規則17、規則18、規則19に基づいて救済を受ける場合の処置と罰（規則14.6参照）。

ストロークに影響を及ぼす状態

プレーヤーの止まっている球のライ、意図するスタンス区域、意図するスイング区域、プレーの線、そのプレーヤーが球をドロップまたはプレースすることになる救済エリア。

ストロークプレー

プレーヤーやサイドがその競技のすべての他のプレーヤーやサイドと競うプレー形式。

ティー

球をティーイングエリアからプレーするときに、その球を地面から上げるために使用する物。ティーは4インチ（101.6mm）以下の長さで、用具規則に適合していなければなりません。

ティーイングエリア

プレーヤーがプレーするホールをスタートするときにそこからプレーしなければならないエリア。ティーイングエリアは次の方法で定めた奥行2クラブレングスの長方形です：
○前の縁は委員会が設置した2つのティーマーカーの最も前方を結ぶ線によって定めます。そして、

○横の縁は2つのティーマーカーの外側から後方の線によって定めます。

動物

人間以外の動物界のすべての生き物。

動物の穴

動物が地面に掘った穴。ただし、ルースインペディメントとしても定義される動物（例えば、ミミズや昆虫）が掘った穴を除きます。
動物の穴という用語には次のものを含みます：
○動物が穴から掘り出して分離している物。
○その穴に通じるすり減った獣道や痕跡。そして、
○動物が地下に穴を掘った結果、盛り上がった、または変化した地面のすべての区域。

取り替え

プレーヤーが別の球をインプレーの球にしてホールをプレーするために使用している球を替えること。

ドロップ

球を持ち、その球をインプレーにする意図を持って空中を落下するように離すこと。各救済規則が球をドロップする、そしてその球が止まらなければならない具体的な救済エリアを特定しています。
救済を受ける場合、プレーヤーは球を膝の高さから離さなければならず、次の要件を満たさなければなりません：
○プレーヤーが球を投げたり、回転をかけたり、転がしたりせずに、または球が止まることになる場所に影響を及ぼす可能性のあるその他の動きをせずに、球を真っすぐに落下させなければならない。そして、
○球が地面に落ちる前にそのプレーヤーの体や用具に当たってはならない（規則14.3b参照）。

パートナー

マッチプレーかストロークプレーのいずれかで、サイドとしてプレーヤーと共に競うもう1人のプレーヤー。

旗竿

ホールの場所をプレーヤーに示すために委員会が準備してホールの中に立てた動かせるポール。

パッティンググリーン

プレーヤーがプレーしているホールのパッティングのために特別に作られたエリア、または、委員会がパッティンググリーンとして定めたエリア（例えば、臨時のグリーンを使用する場合）。

バンカー

バンカーとするために作られた砂のエリアで、芝や土が取り除かれて窪みとなっている場合が多いです。
次の部分はバンカーの一部ではありません：
○その作られたエリアの縁で土、草、積み芝、または人工物で構成するへり、壁、面。
○土やその作られたエリアの縁の内側に生長している、または付着しているすべての自然物（例えば、草、ブッシュ、木）。
○その作られたエリアの縁の外側にある、または、飛び散っている砂。
○その作られたエリアの縁の内側ではないコース上の他のすべての砂の区域（例えば、砂漠や他の自然の砂の区域、またはウェストエリアと言われることがある他の区域）。

不可分な物

委員会がコースをプレーする上で挑戦の一部として定めた罰なしの救済が認められない人工物。
不可分な物は動かせないものとして扱われます（**規則8.1a参照**）。しかし、不可分な物の一部（例えば、門、

ドア、取り付けられたケーブルの一部）が動かせる障害物の定義に合致する場合、その部分は動かせる障害物として扱われます。

不可分な物は障害物でも境界物でもありません。

プレーの線

プレーヤーがストローク後に自分の球にとらせたい線で、その線には地面の上方と、その線の両側に合理的な距離を持つその線上の範囲を含みます。

プレーの線は2つの点を結ぶ直線とは限りません（例えば、プレーヤーが球にとらせたい場所に基づいて曲線となることもあります）。

プレー禁止区域

委員会がプレーを禁止したコースの一部。プレー禁止区域は異常なコース状態か、ペナルティーエリアのいずれかの部分として定めなければなりません。

紛失

プレーヤーまたはそのキャディー（またはプレーヤーのパートナーやパートナーのキャディー）が球を捜し始めてから3分以内に見つからない球の状態。

ペナルティーエリア

プレーヤーの球がそこに止まった場合、1打の罰で救済が認められるエリア。コース上のすべての水域。

マーキングに使用する色によって区別される2つの異なったタイプのペナルティーエリアがあります：

○イエローペナルティーエリア（黄線または黄杭でマークする）では、プレーヤーに2つの救済の選択肢（**規則17.1d(1)** と **(2)**）があります。

○レッドペナルティーエリア（赤線または赤杭でマークする）では、プレーヤーがイエローペナルティーエリアに対してとることのできる2つの救済の選択肢に加え、ラテラル救済の選択肢（**規則17.1d(3)**）があります。

ペナルティーエリアの色を委員会がマーキングしてい

なかった、特定していなかった場合はレッドペナルティーエリアとして扱います。

ペナルティーエリアの縁は地面の上方と、地面の下方の両方に及びます：

ペナルティーエリアの縁は杭、線で定めるべきです：

○杭：杭で定める場合、ペナルティーエリアの縁は、地表レベルでその杭と杭の外側を結んだ線で定め、その杭はペナルティーエリア内です。

○線：地面上に塗った線で定める場合、そのペナルティーエリアの縁はその線の外側の縁となり、線自体はそのペナルティーエリア内です。

ホール

プレーしているホールのパッティンググリーン上の終了地点。

ホールに入る

球がストローク後にホールの中に止まり、球全体がパッティンググリーン面より下にあるとき。

規則が「ホールアウトする」、「ホールアウト」と言及する場合、それはプレーヤーの球がホールに入ったときを意味します。

球がホールの中の旗竿に寄りかかって止まっている特別なケースについては、規則13.2cを参照のこと（球の一部がパッティンググリーン面より下にあればその球はホールに入ったものとして扱われる）。

ボールマーカー

プレーヤーが拾い上げる球の箇所をマークするために使用する人工物（例えば、ティー、コイン、ボールマーカーとして作られた物や別の小さい用具）。

マーカー

ストロークプレーでは、プレーヤーのスコアをそのプレーヤーのスコアカードに記入することと、そのスコアカードを証明することについて責任を負う人。マー

カーには別のプレーヤーがなることができます。しかし、パートナーはなることはできません。

マーク

ボールマーカーを球の直後、または球のすぐ近くに置くこと、またはクラブを球の直後、または球のすぐ近くの地面の上に留めておくこととことによって止まっている球の箇所を示すこと。

マッチプレー

プレーヤーまたはサイドが相手または相手となるサイドと1または複数のラウンドのマッチで直接対戦してプレーするプレー形式。

目的外グリーン

プレーヤーがプレーしているホールのパッティンググリーン以外のコース上のすべてのグリーン。目的外グリーンはジェネラルエリアの一部です。

用具

プレーヤーやそのプレーヤーのキャディーが使用している、身に着けている、手にしている、運んでいる物。コース保護のために使用する物（例えば、レーキ）はプレーヤーかキャディーが手にしているか、運んでいる間に限り、用具となります。

用具規則

プレーヤーがラウンド中に使用することが認められるクラブ、球、他の用具の仕様や他の規定。用具規則はR&AまたはJGAホームページで閲覧できます。

ライ

プレーヤーの球が止まっている箇所と、球に触れているか、球のすぐ近くにある、生長または付着している自然物、動かせない障害物、不可分な物、境界物。ルースインペディメントと動かせる障害物は球のライの

一部ではありません。

ラウンド

委員会が設定した順番でプレーする18（またはそれ以下）のホール。

リプレース

球をインプレーにする意図を持って、球を接地させて手放すことによって球を置くこと。

ルースインペディメント

分離した自然物。例えば：
○石、分離した草、葉、枝、小枝。
○動物の死骸や排泄物。
○ミミズ、昆虫や簡単に取り除くことができる類似の動物、そしてそれらが作った盛り土やクモの巣（例えば、ミミズの放出物や蟻塚）。そして、
○圧縮された土の塊（エアレーションプラグを含む）。
次のものは分離した自然物（つまりルースインペディメント）として扱いません：
○付着している、または生長している。
○地面に固くくい込んでいる（つまり、簡単に拾い上げることができない）。
○球に貼り付いている。

○砂、バラバラの土はルースインペディメントではありません。
○露、霜、水はルースインペディメントではありません。
○雪と自然の氷（霜以外）は、プレーヤーの選択で、ルースインペディメントか、または地面の上にある場合は一時的な水のいずれかとなります。
○クモの巣は他の物に付着していたとしてもルースインペディメントです。

レフェリー

事実問題を決定し、規則の適用をするために委員会が指名したオフィシャル。

分かっている、または事実上確実

プレーヤーの球に起きたことを決定するための基準（例えば、球がペナルティーエリアの中に止まったかどうか、球が動いたのかどうか、何が球を動かす原因となったのか）。分かっている、または事実上確実は、単に可能性がある、または起こりそうであること以上のことで、次のいずれかを意味します：

○問題になっている出来事がプレーヤーの球に起きたという決定的な証拠がある（例えば、プレーヤー、または他の目撃者がそれが起きるのを見ていた場合）。または、

○疑念がほんのわずかにあるが、合理的に入手可能なすべての情報が問題になっている出来事の起きた可能性が95%以上であることを示している。

（公財）日本ゴルフ協会発行
2023年ゴルフ規則書より

GOLF DIGEST
ゴルフルール
早わかり集
2023-2024

発行　2023年2月19日　初版

JLPGA競技委員
責任監修　阿蘇紀子　中﨑典子
発行者　木村玄一
発行所　ゴルフダイジェスト社
〒105-8670　東京都港区新橋6-18-5
〈TEL〉03-3432-4411（代表）
　　　　03-3431-3060（販売）
〈Email〉gbook@golf-digest.co.jp
印刷・製本　共同印刷株式会社

アートディレクション　唐仁原教久　浅妻健司
デザイン　浅妻健司　HB STUDIO